FOR ORGANS, PIANOS & ELECTRONIC KEYBOARDS

99

T0039452

ISBN 978-1-5400-2605-7

HAL•LEONARD®

7777 W. BLUEMOUND RD. P.O. BOX 13819 MILWAUKEE, WI 53213

In Australia Contact:
Hal Leonard Australia Pty. Ltd.
4 Lentara Court
Cheltenham, Victoria, 3192 Australia
Email: ausadmin@halleonard.com.au

Visit Hal Leonard Online at
www.halleonard.com

Come Alive

Registration 2
Rhythm: None

Words and Music by Benj Pasek
and Justin Paul

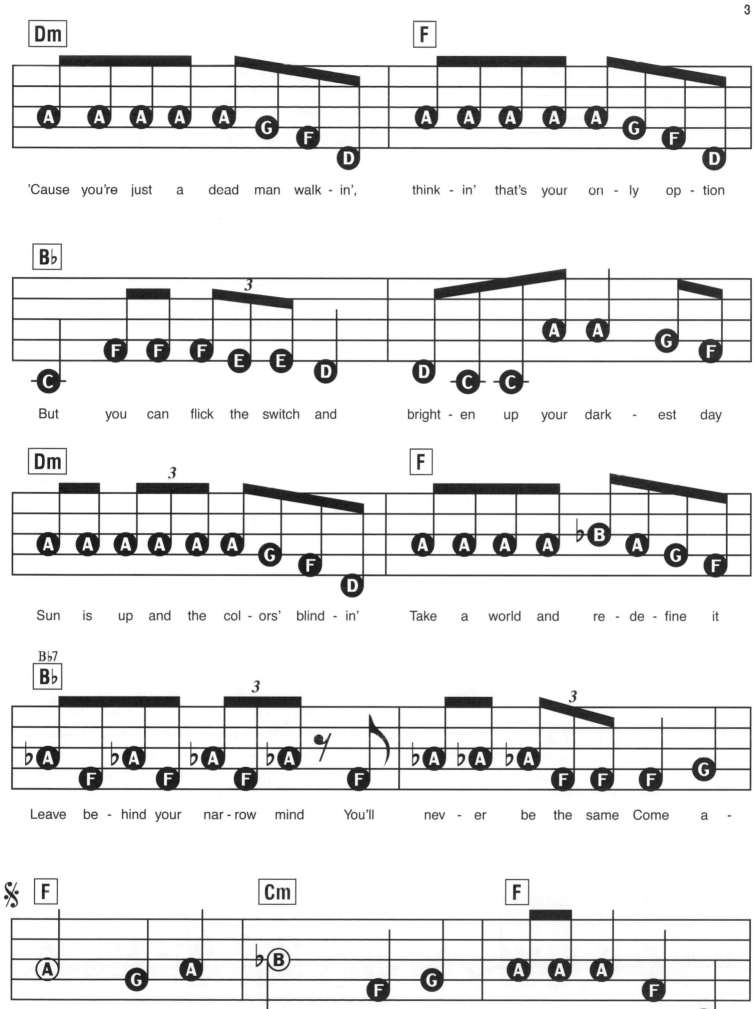

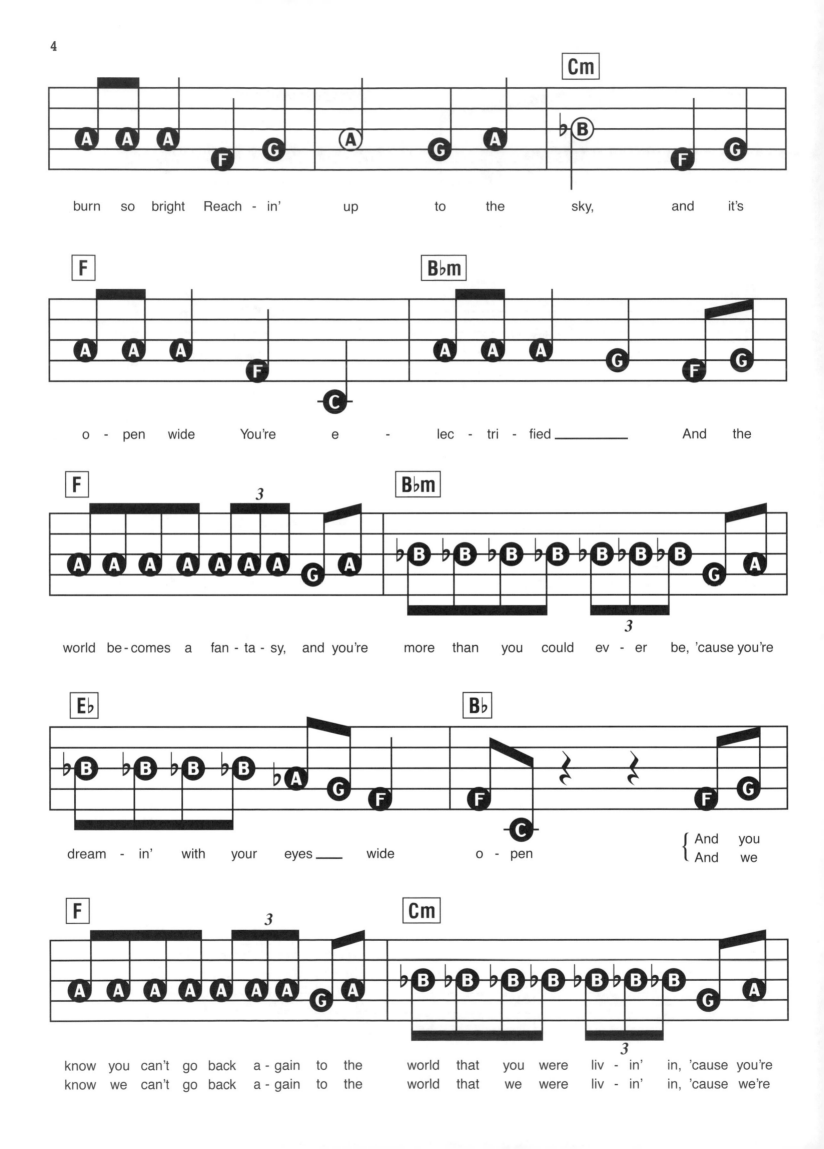

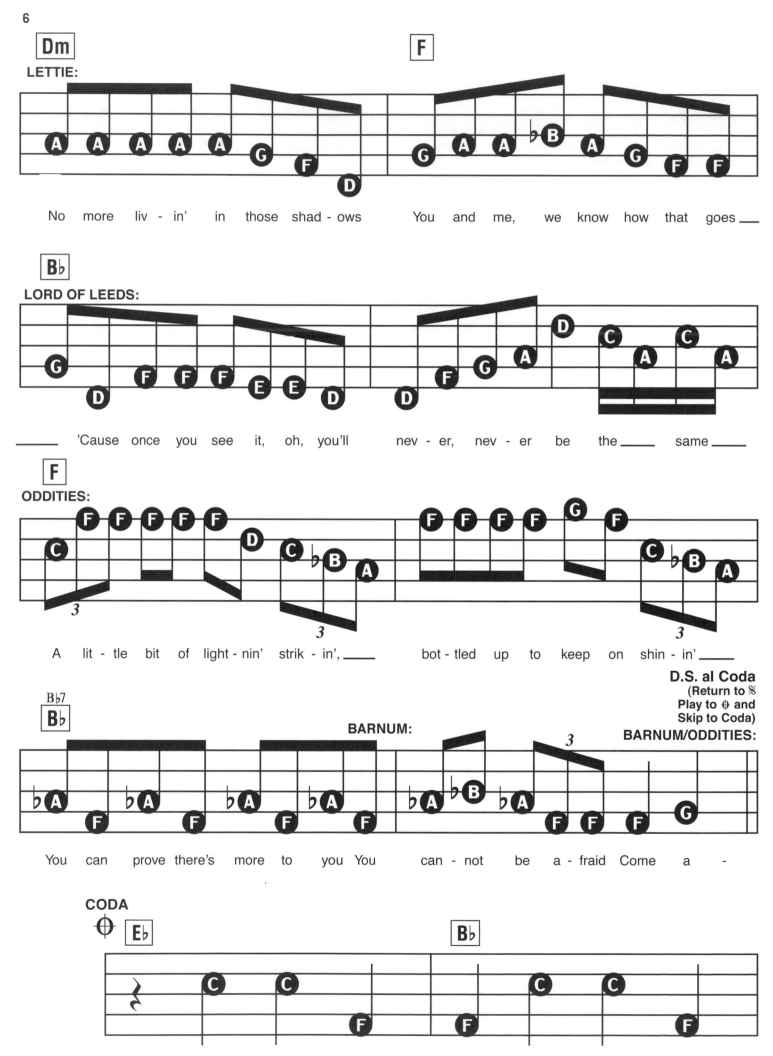

7

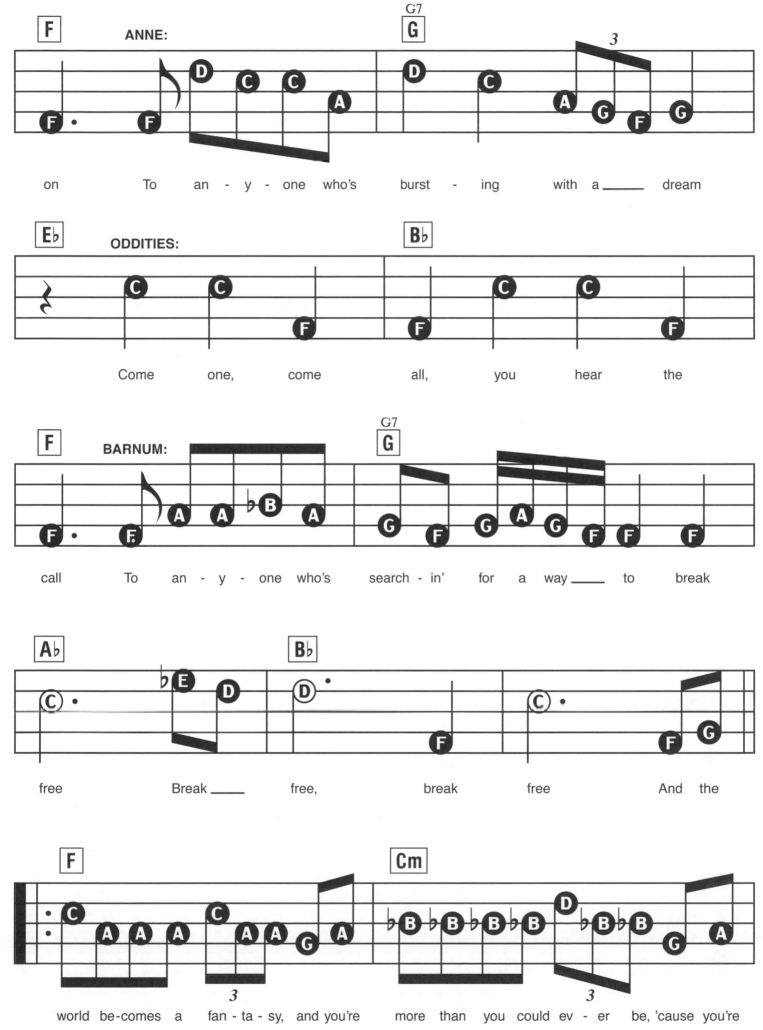

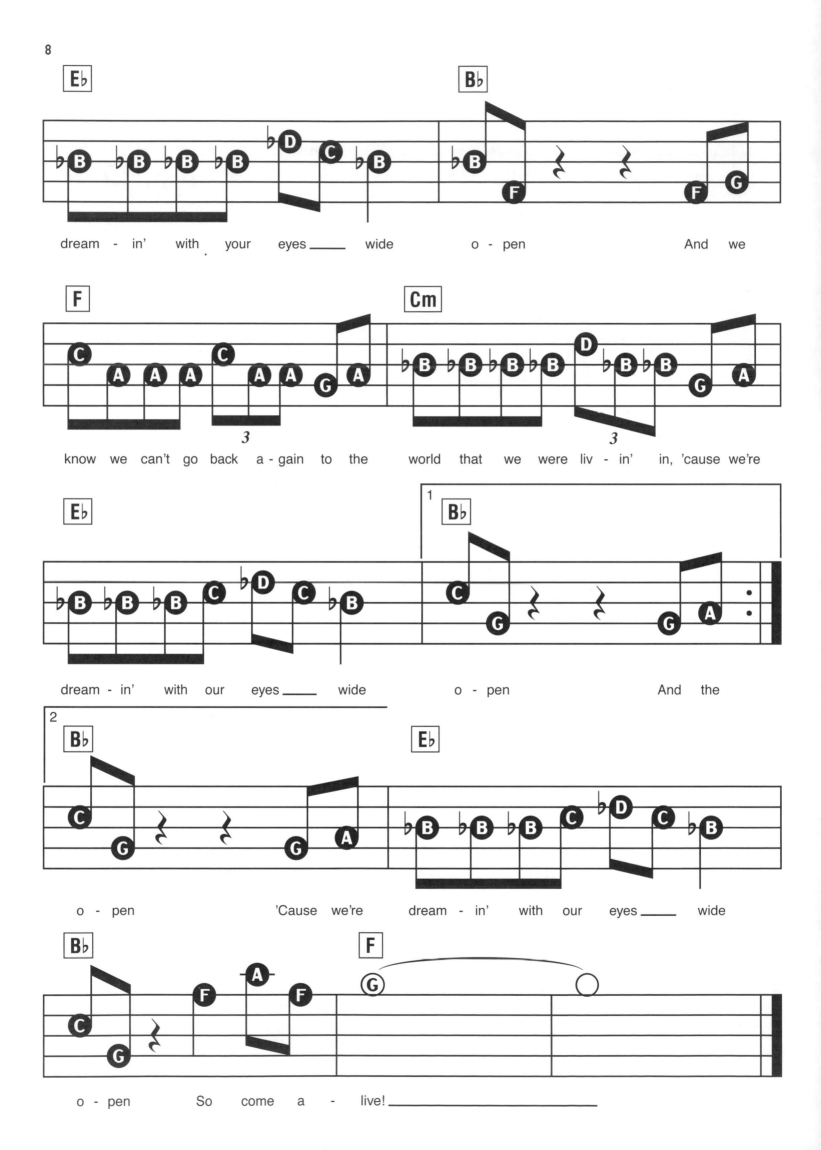

dream - in' with your eyes ____ wide o - pen And we

know we can't go back a - gain to the world that we were liv - in' in, 'cause we're

dream - in' with our eyes ____ wide o - pen And the

o - pen 'Cause we're dream - in' with our eyes ____ wide

o - pen So come a - live! ____

From Now On

Registration 1
Rhythm: None

Words and Music by Benj Pasek
and Justin Paul

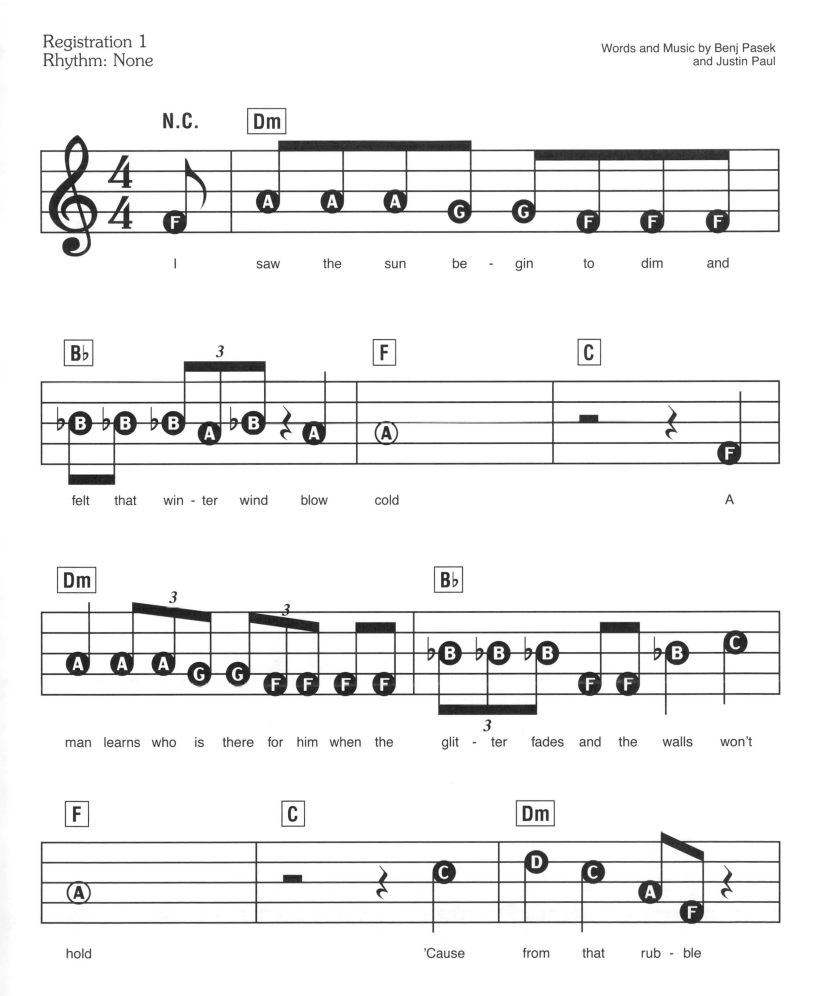

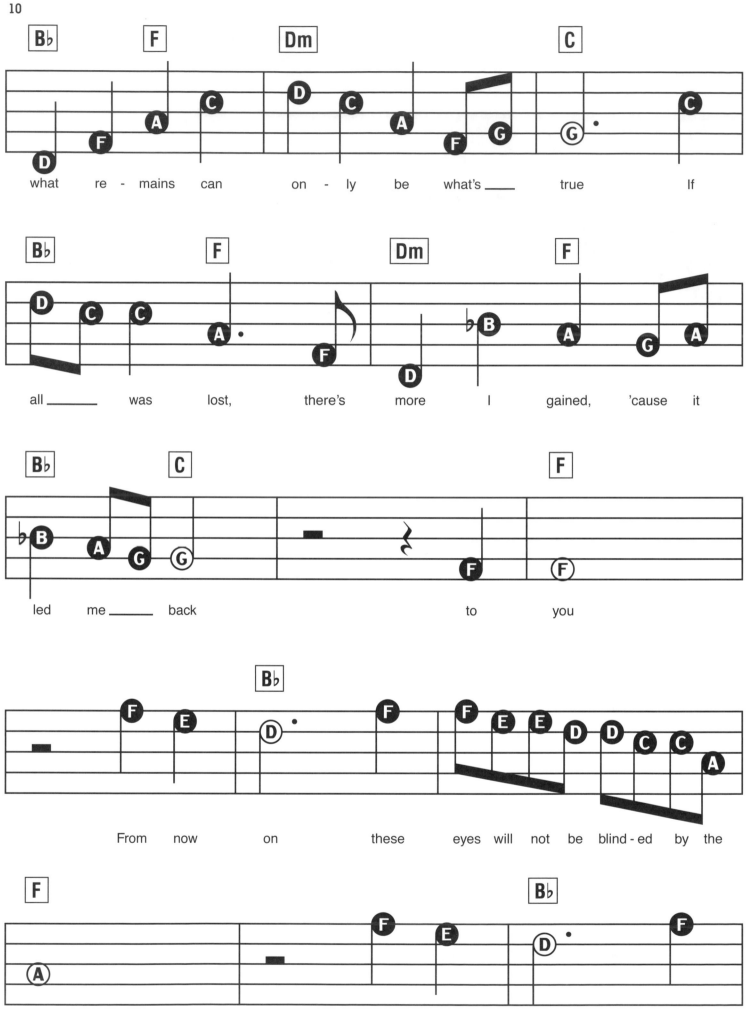

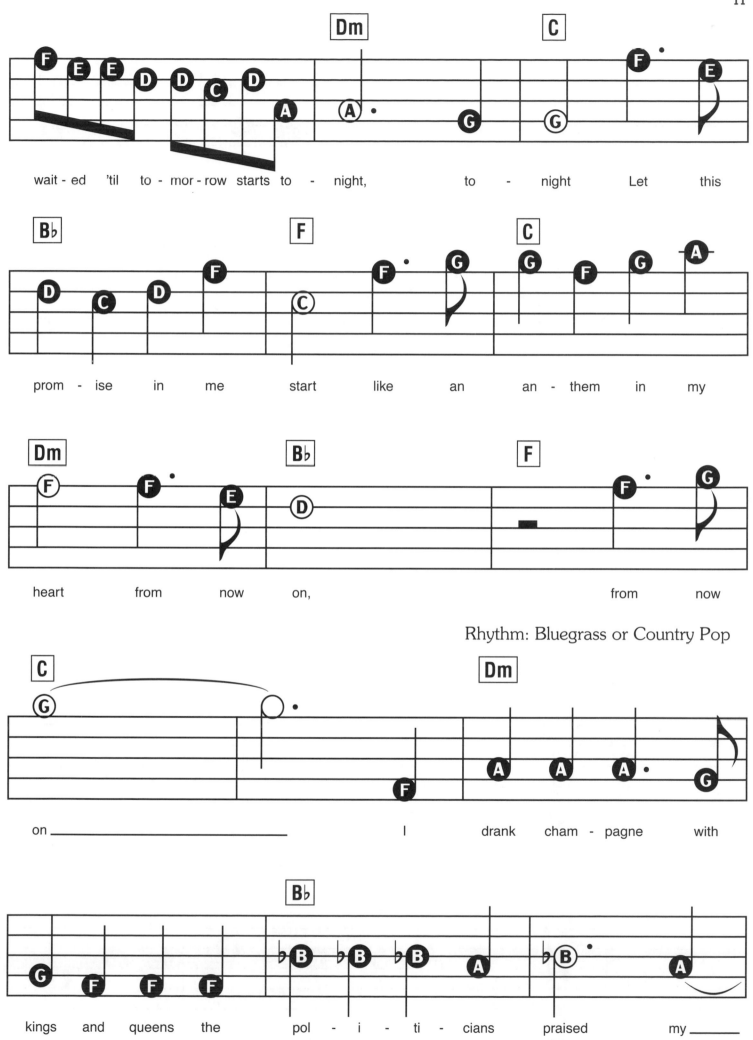

12

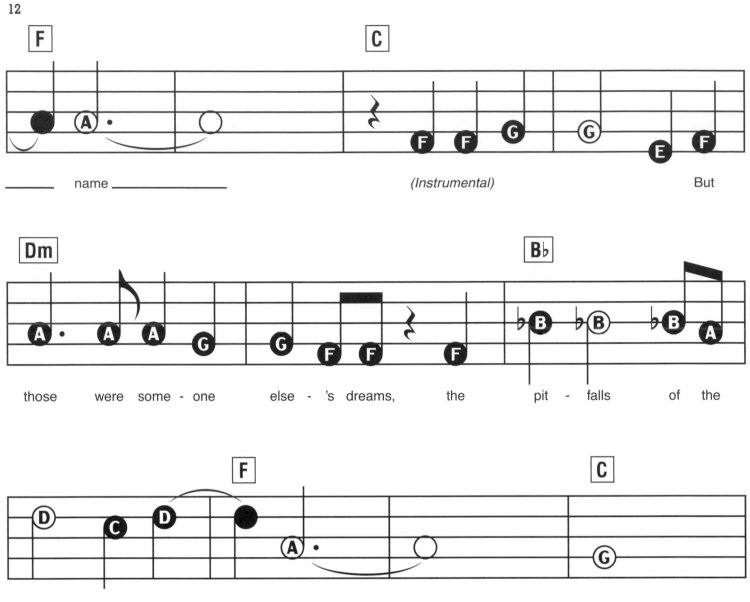

_____ name _____ (Instrumental) But

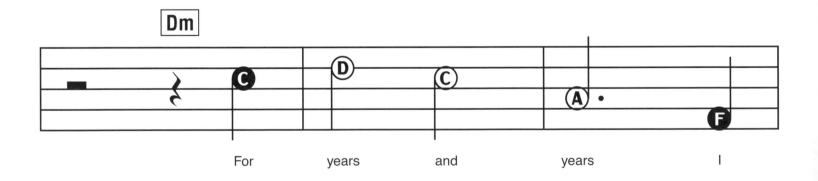

those were some - one else - 's dreams, the pit - falls of the

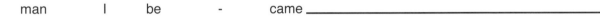

man I be - came _____

For years and years I

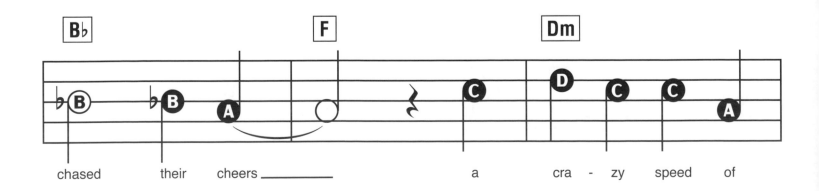

chased their cheers _____ a cra - zy speed of

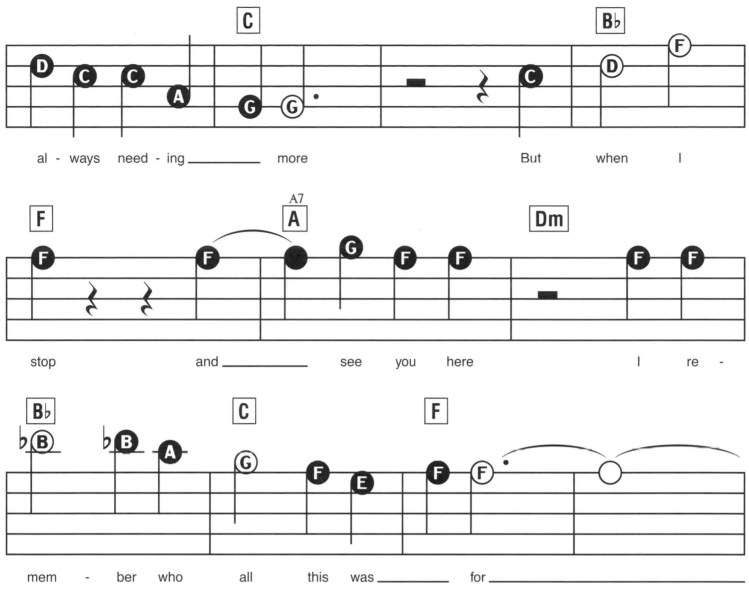

al - ways need - ing _____ more   But   when   I

stop   and _____ see   you   here   I   re -

mem - ber   who   all   this   was _____ for _____

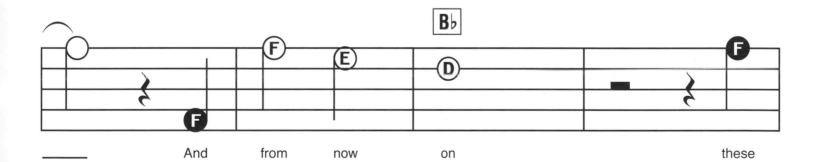

_____   And   from   now   on   these

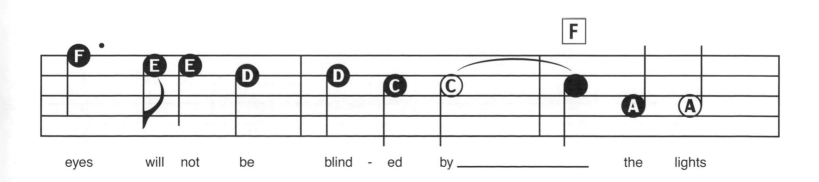

eyes   will   not   be   blind - ed   by _____ the   lights

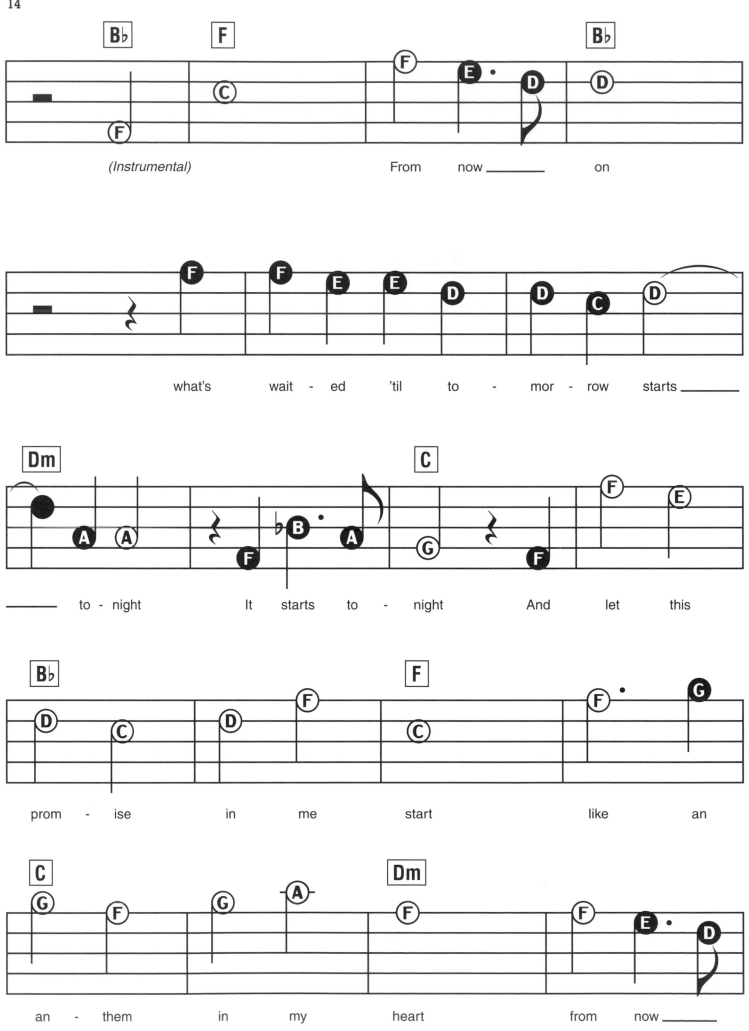

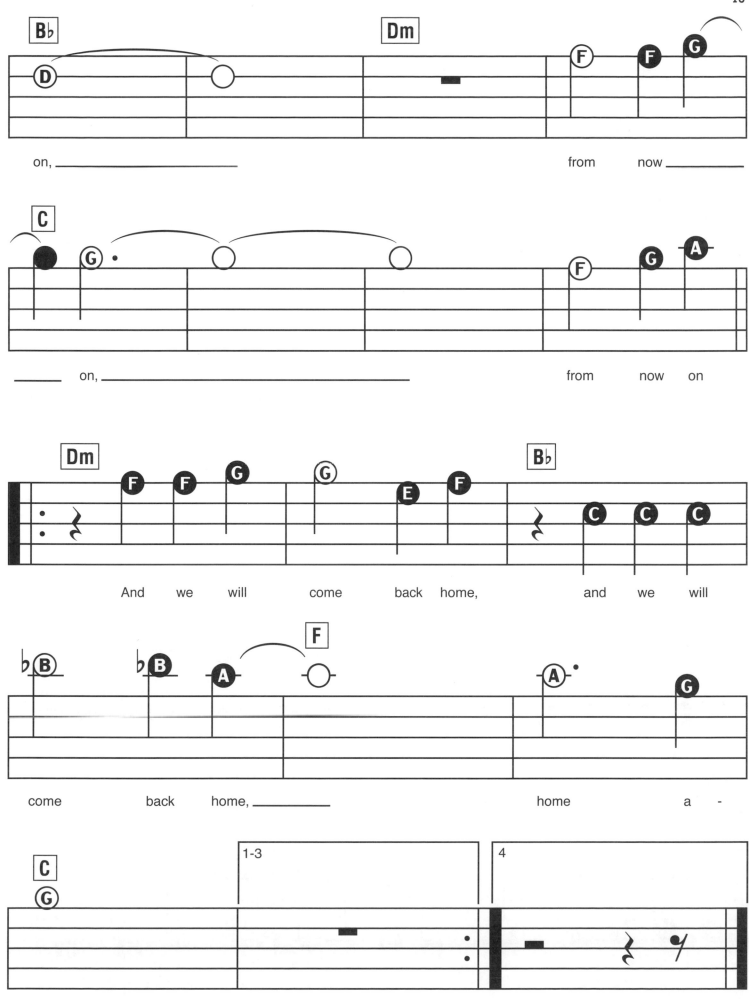

The Greatest Show

Registration 1
Rhythm: None

Words and Music by Benj Pasek,
Justin Paul and Ryan Lewis

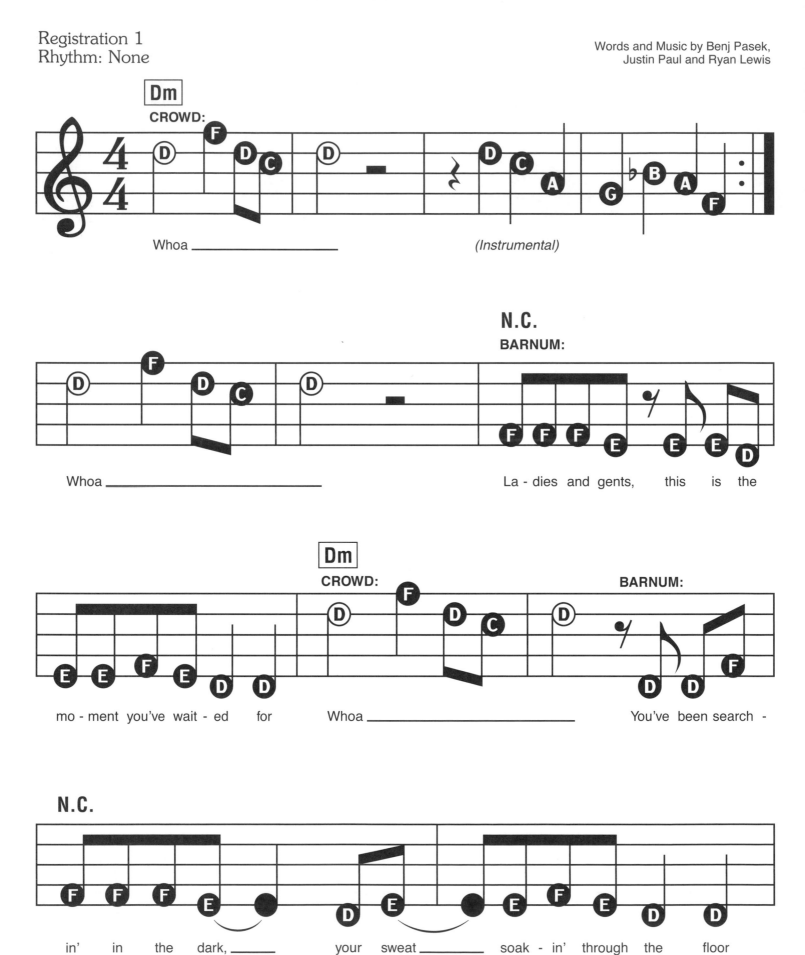

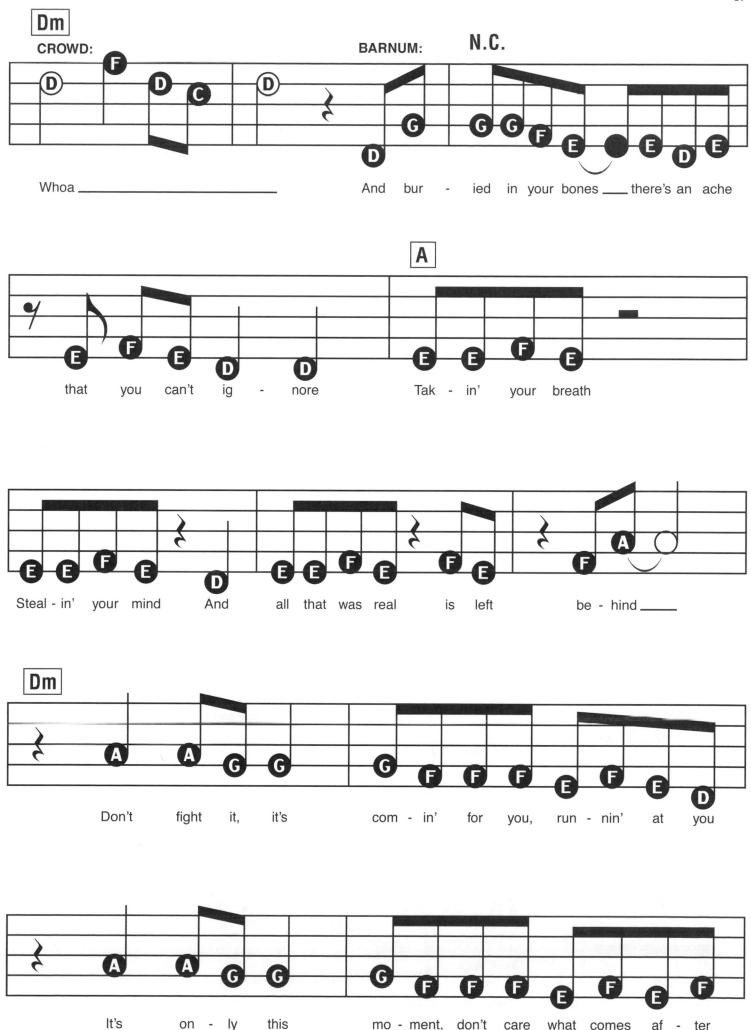

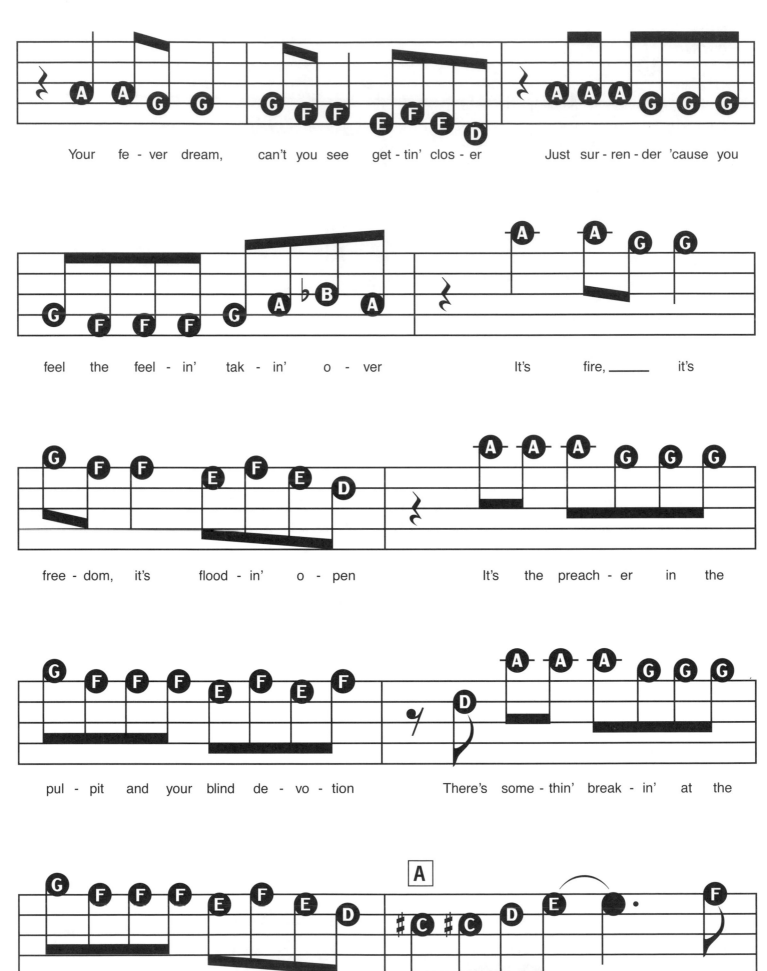

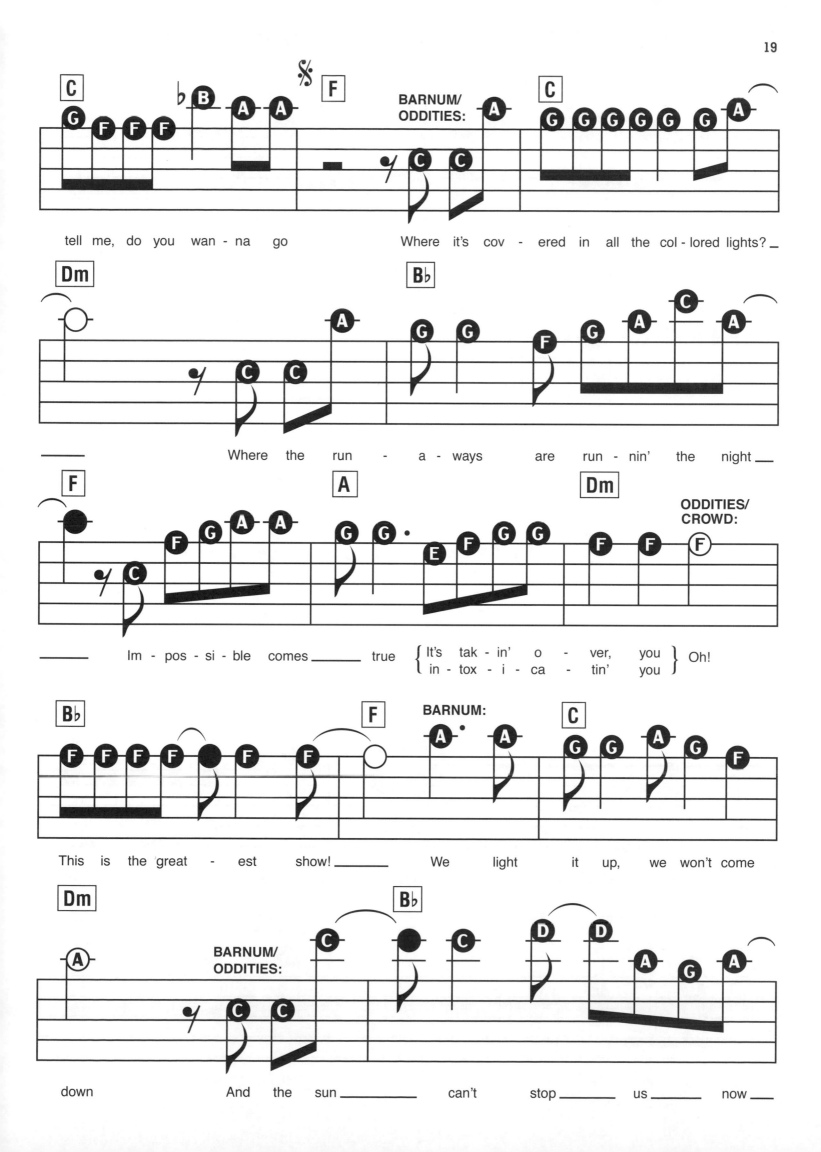

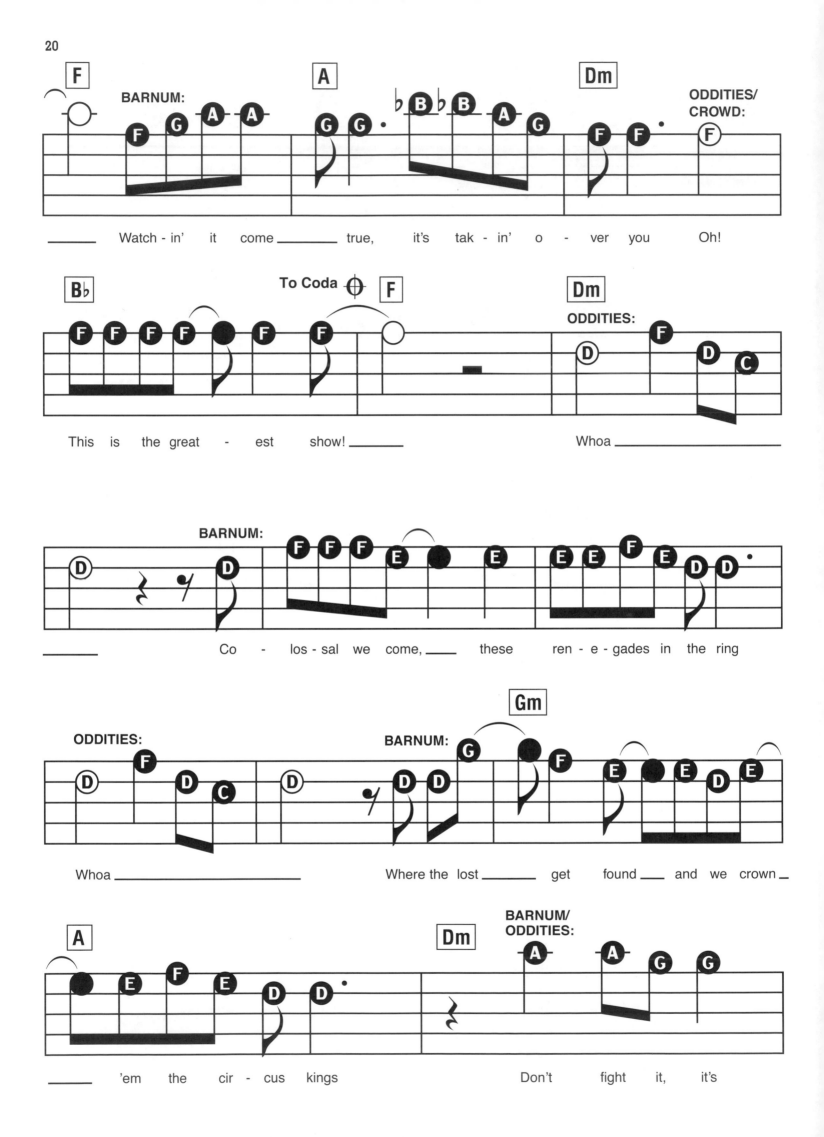

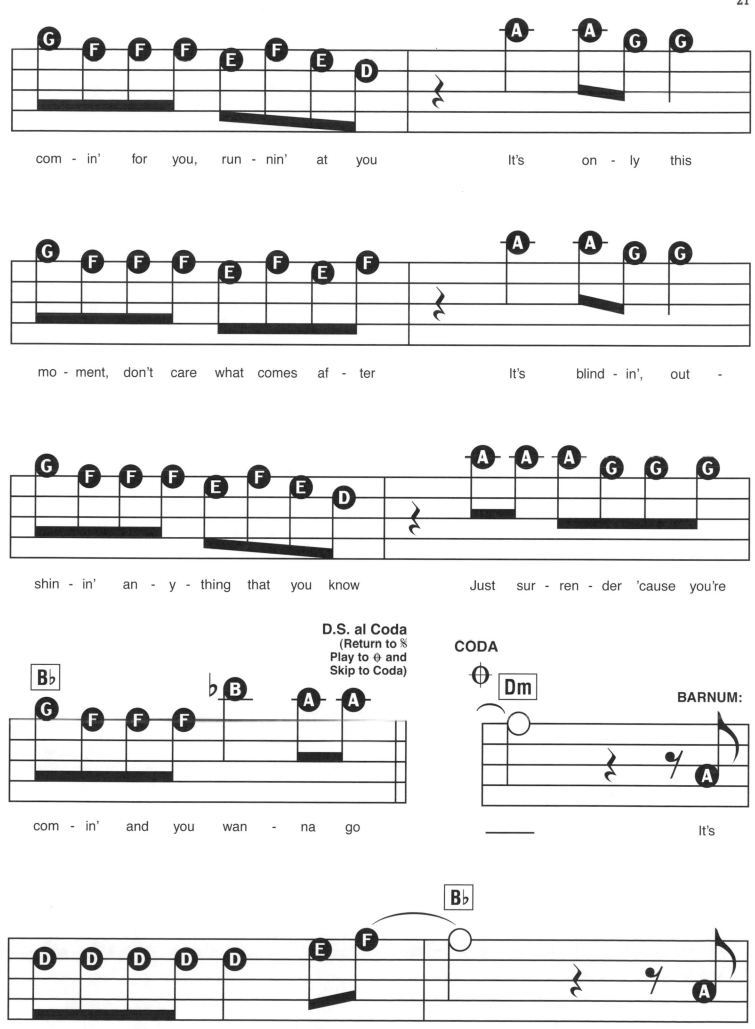

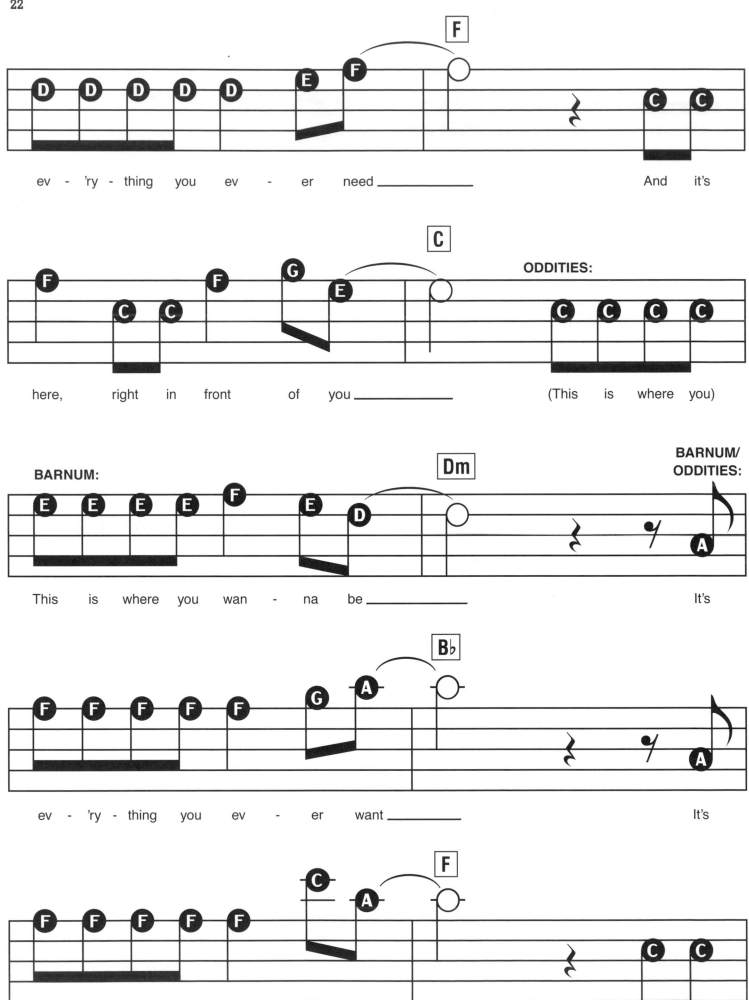

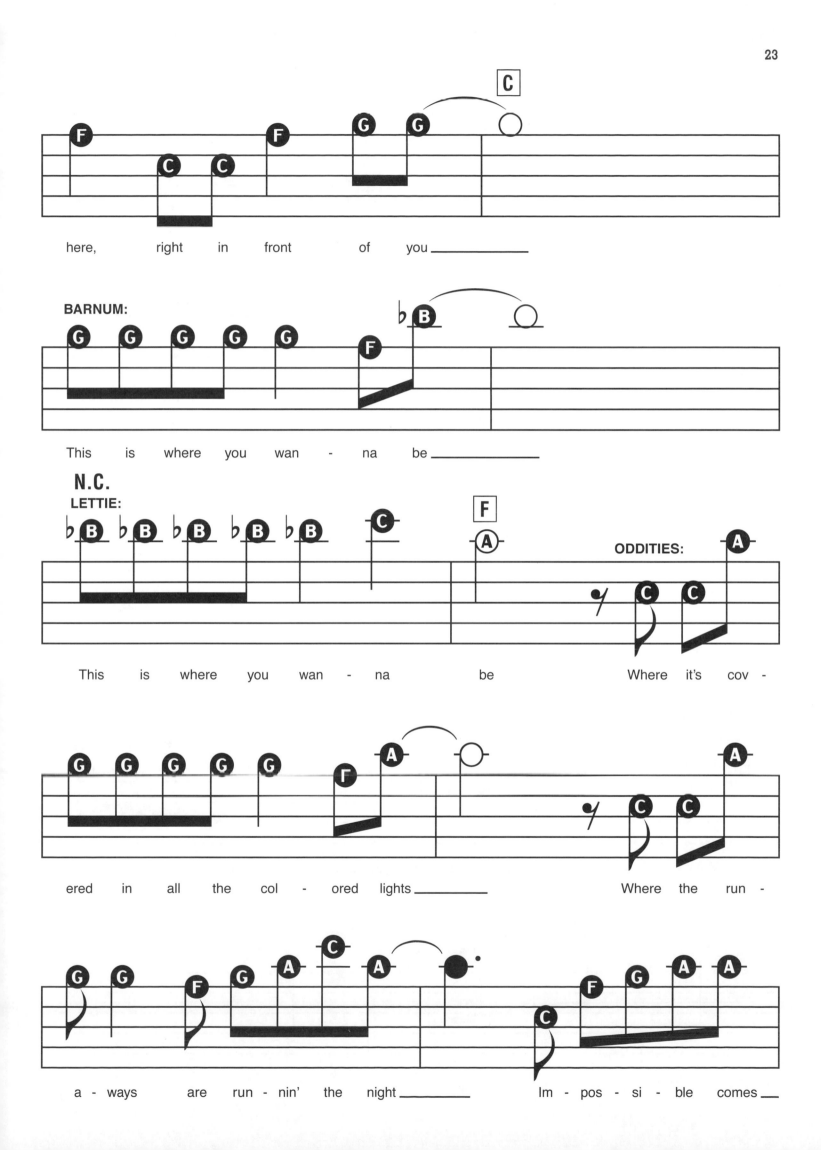

24

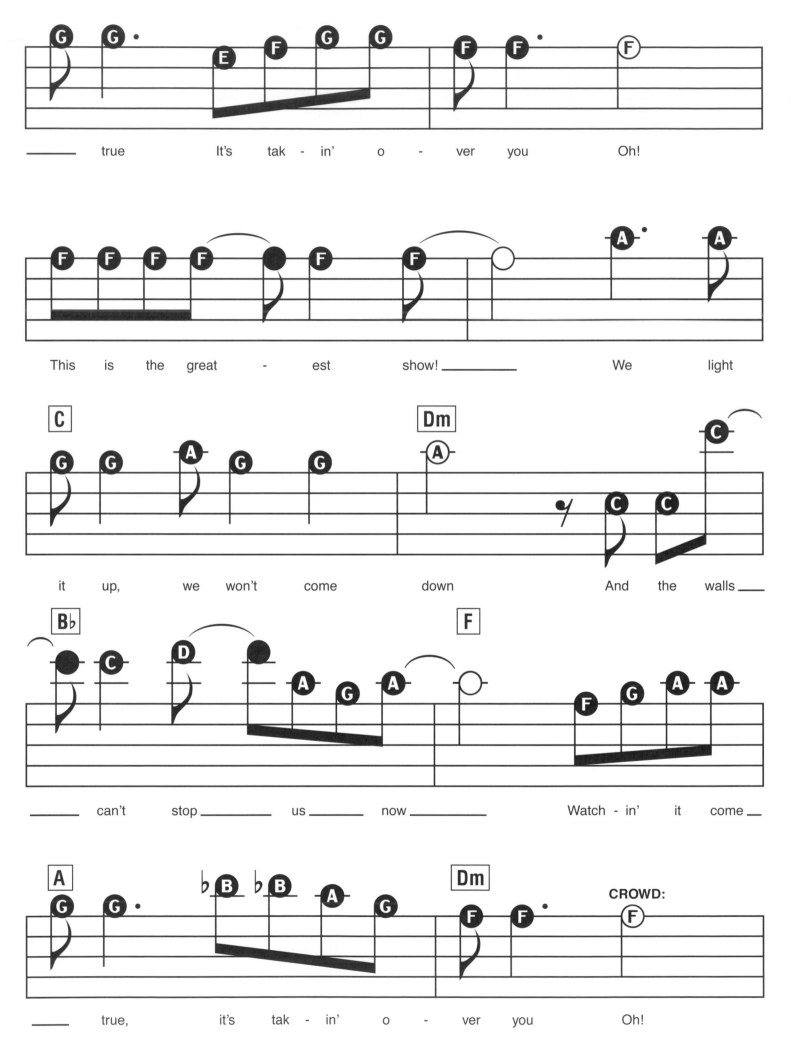

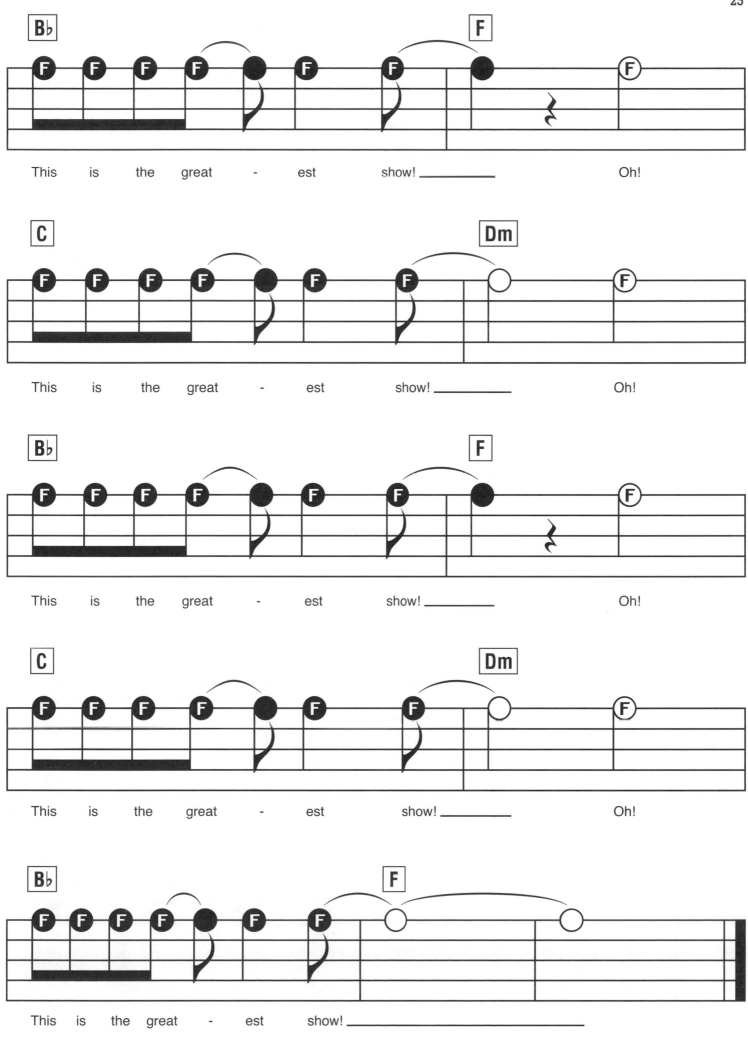

A Million Dreams

Registration 2
Rhythm: Broadway or Show Tunes

Words and Music by Benj Pasek
and Justin Paul

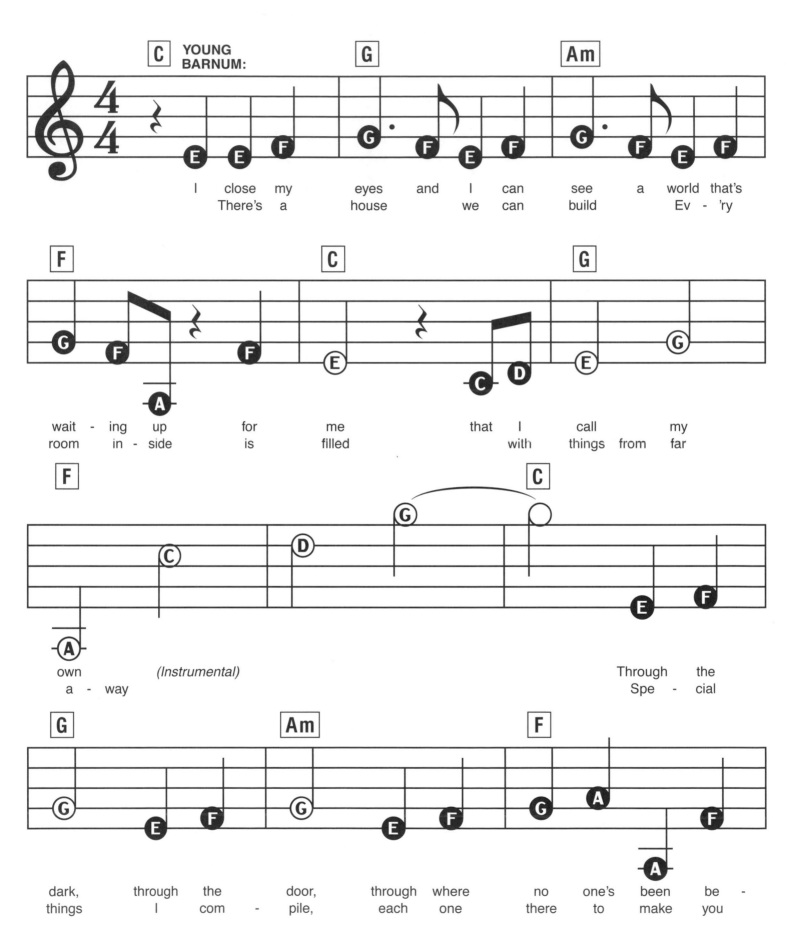

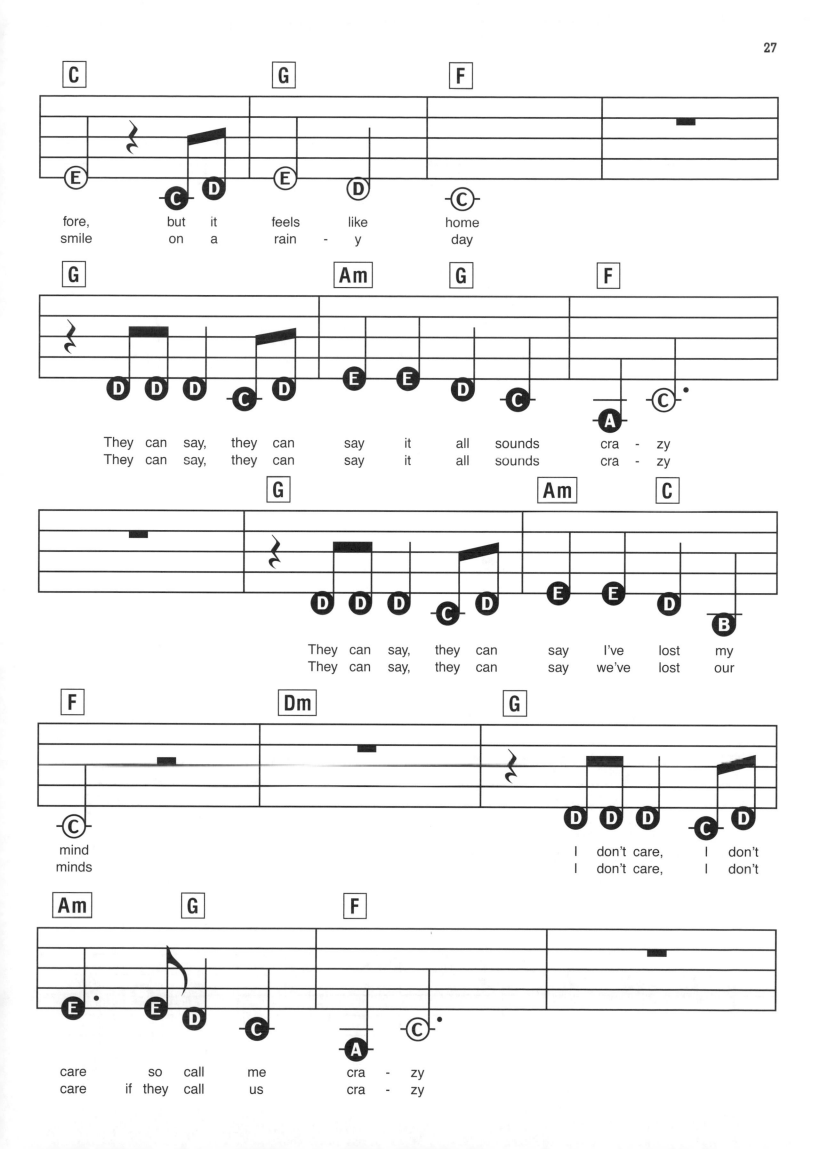

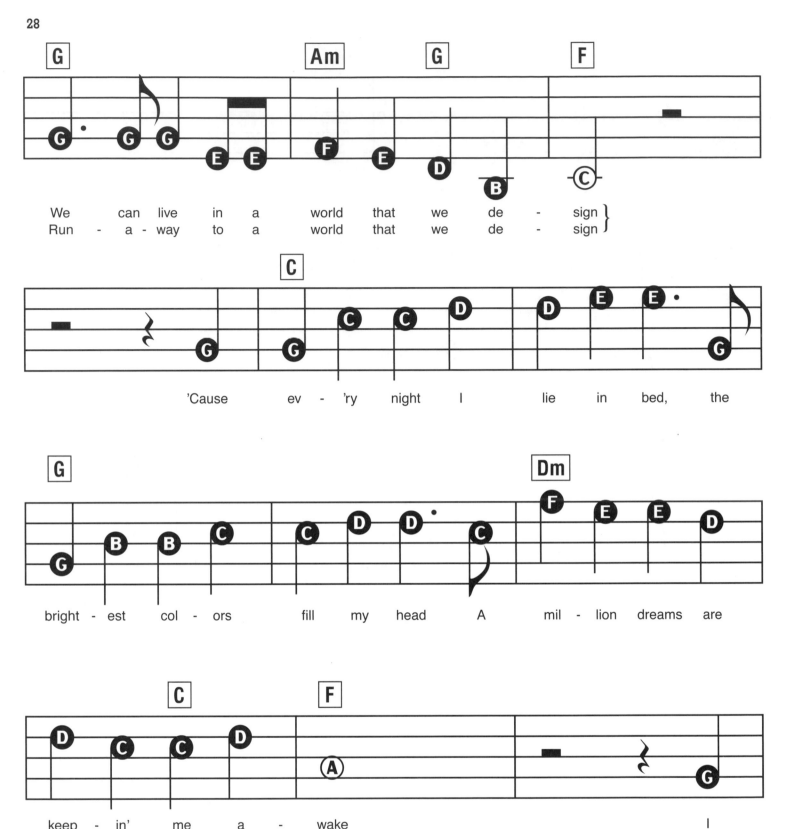

29

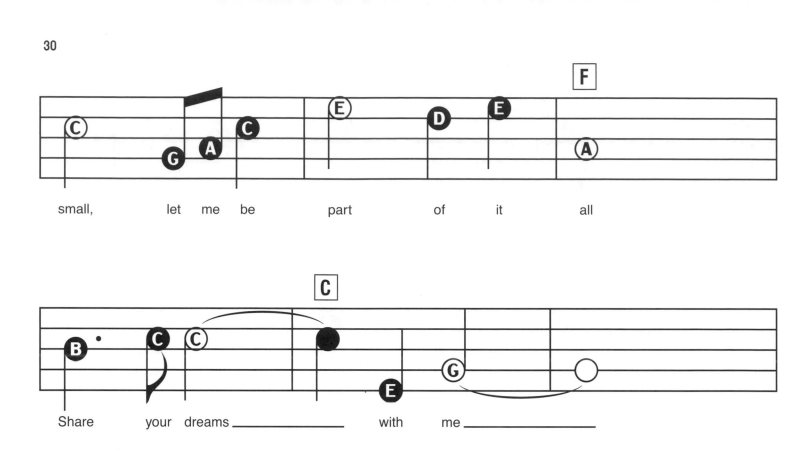

small,   let   me   be   part   of   it   all

Share   your   dreams _____   with   me _____

You   may   be   right,   you   may   be   wrong,   but   say   that   you'll

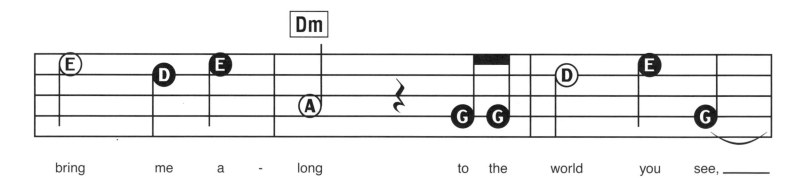

bring   me   a - long   to   the   world   you   see, _____

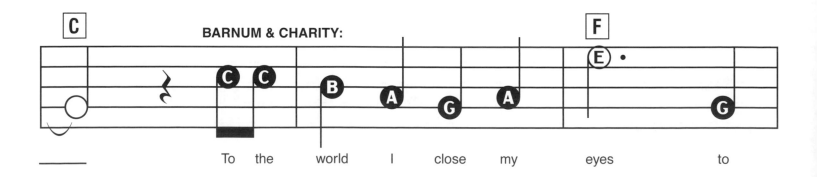

BARNUM & CHARITY:

_____   To   the   world   I   close   my   eyes   to

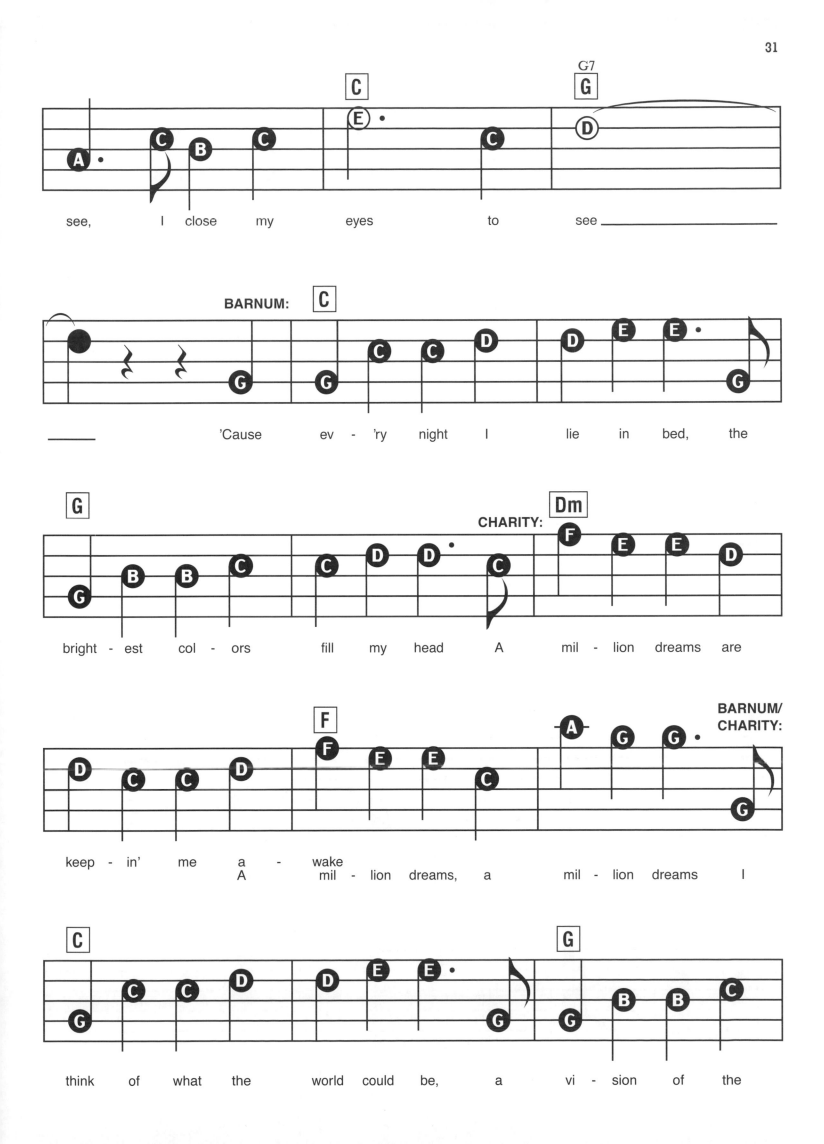

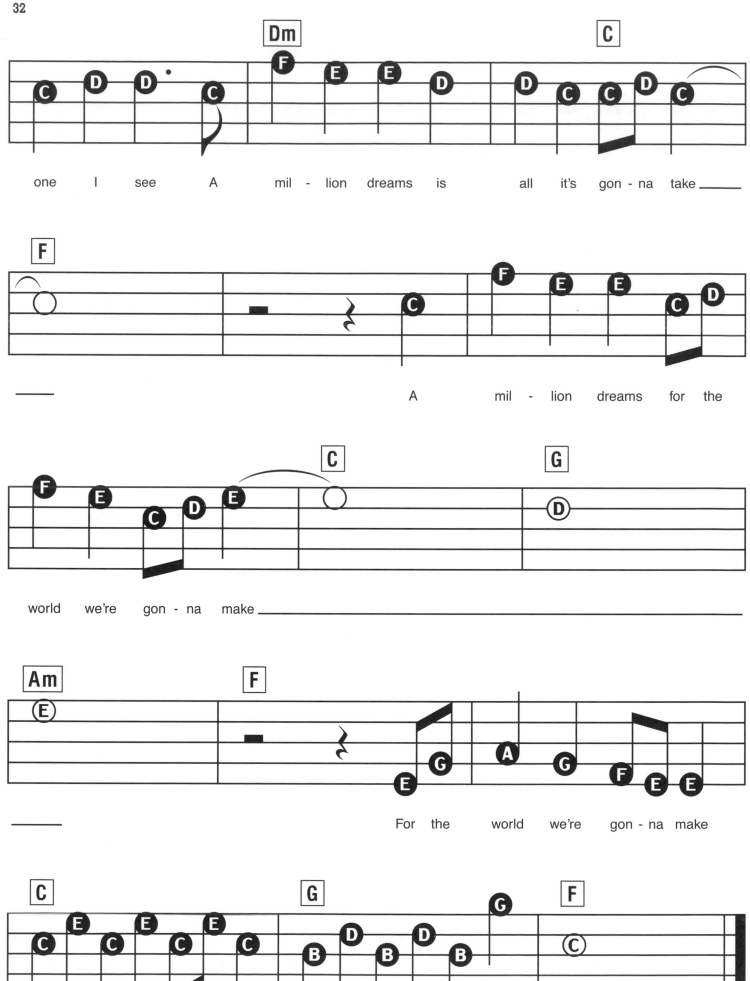

one I see A mil - lion dreams is all it's gon - na take ____

____ A mil - lion dreams for the

world we're gon - na make _____

____ For the world we're gon - na make

(Instrumental)

Never Enough

Registration 2
Rhythm: 4/4 Ballad

Words and Music by Benj Pasek
and Justin Paul

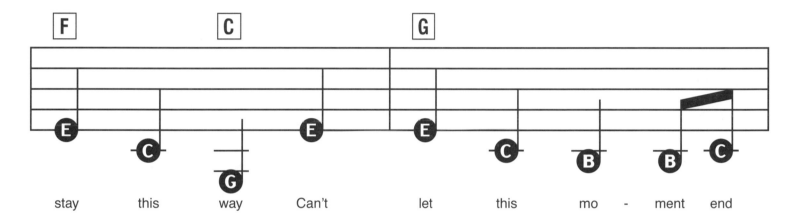

I'm try - in' to hold my breath   Let it

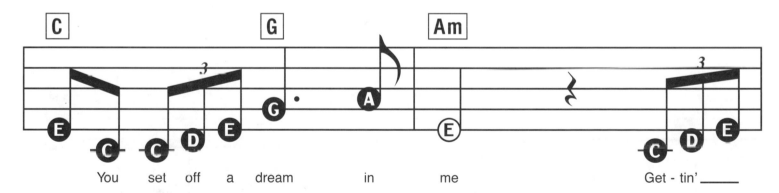

stay this way   Can't   let   this   mo - ment   end

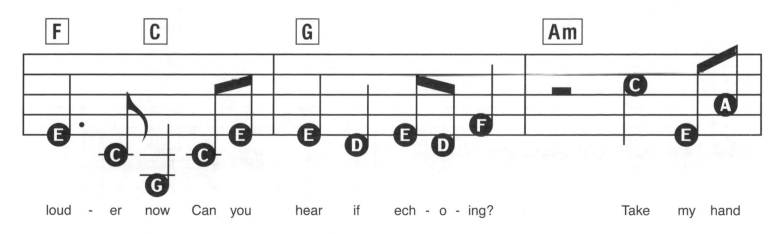

You set off a dream in me   Get - tin' _____

loud - er now   Can you   hear   if   ech - o - ing?   Take   my   hand

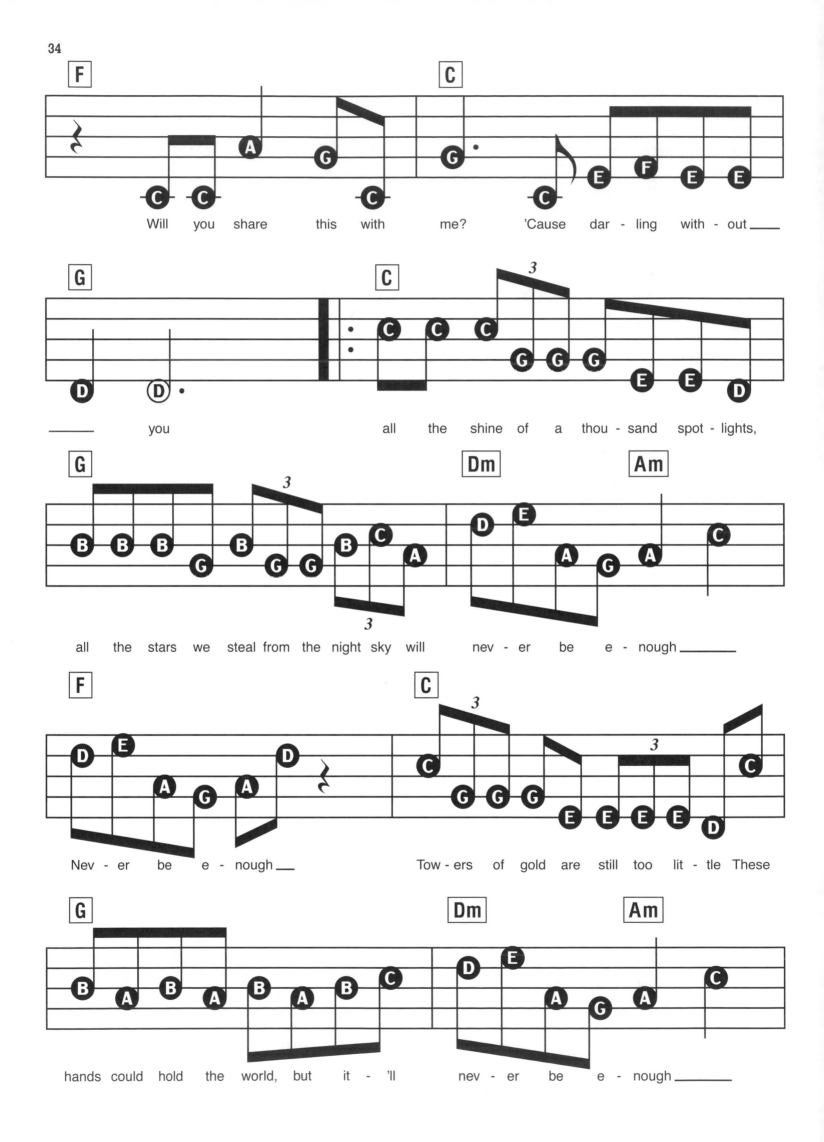

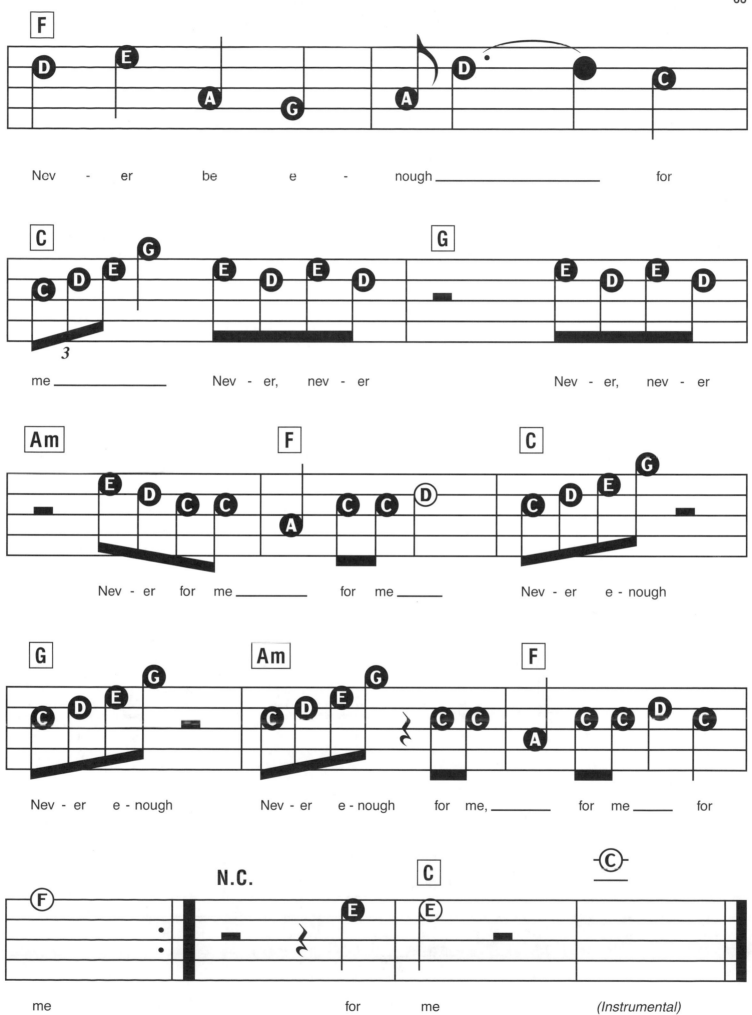

The Other Side

Registration 2
Rhythm: Techno or Rock

Words and Music by Benj Pasek
and Justin Paul

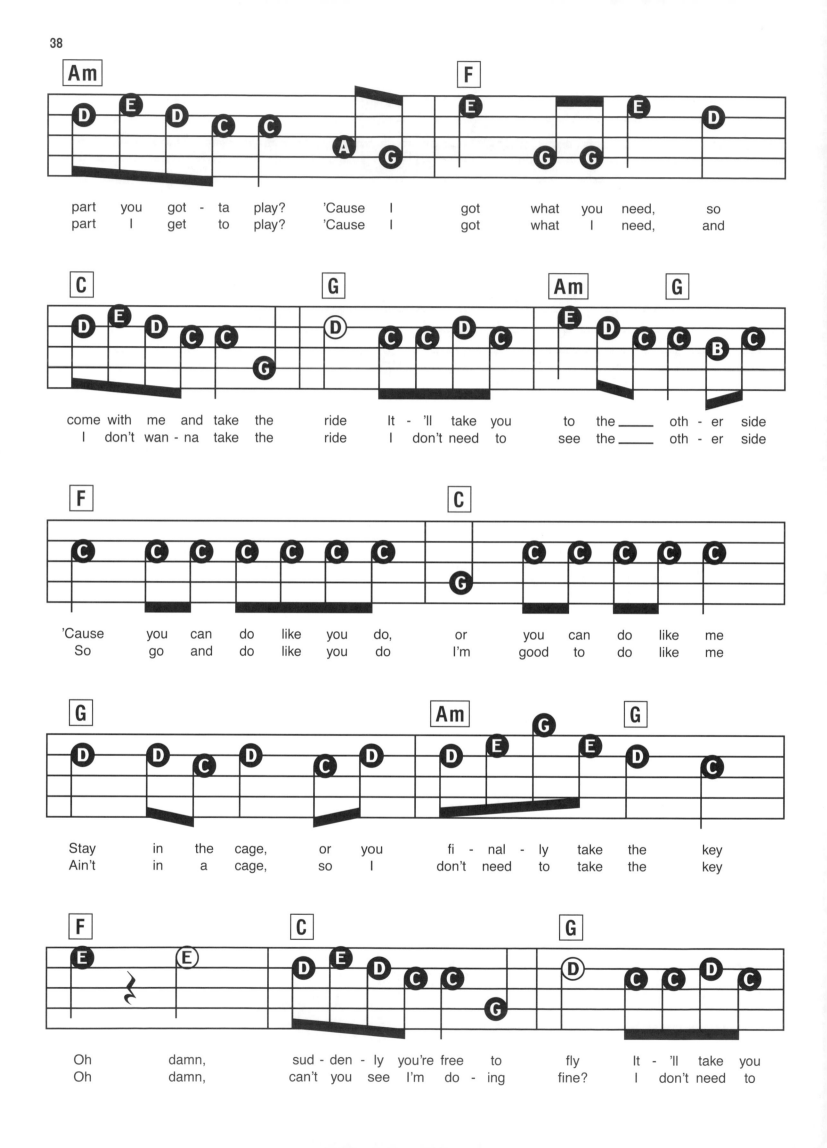

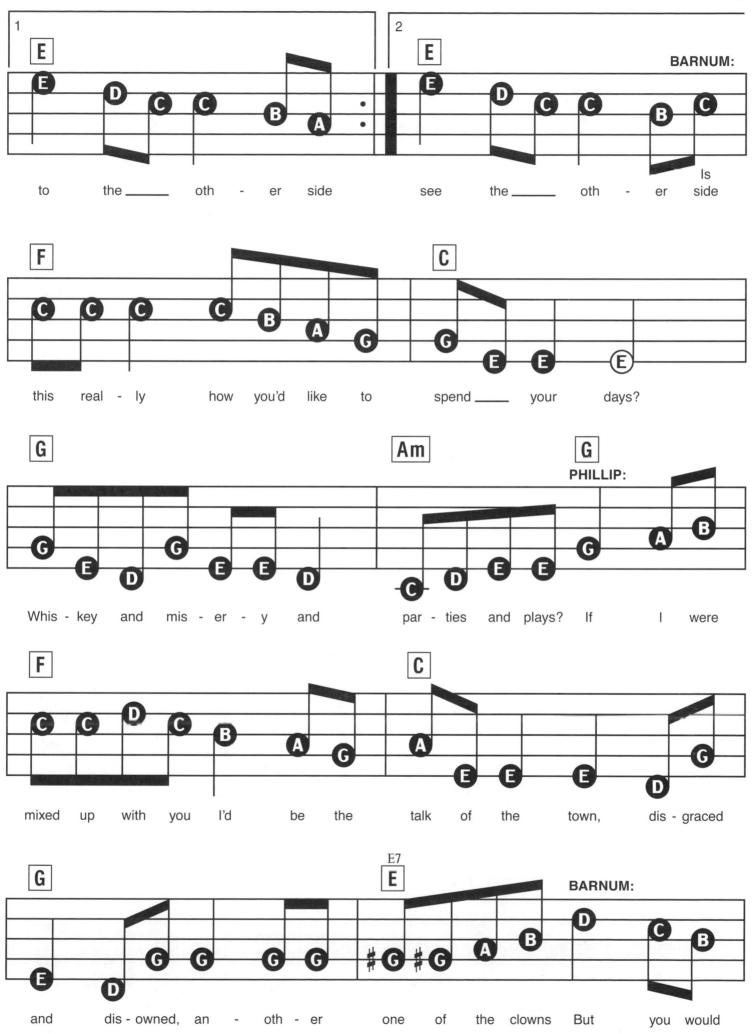

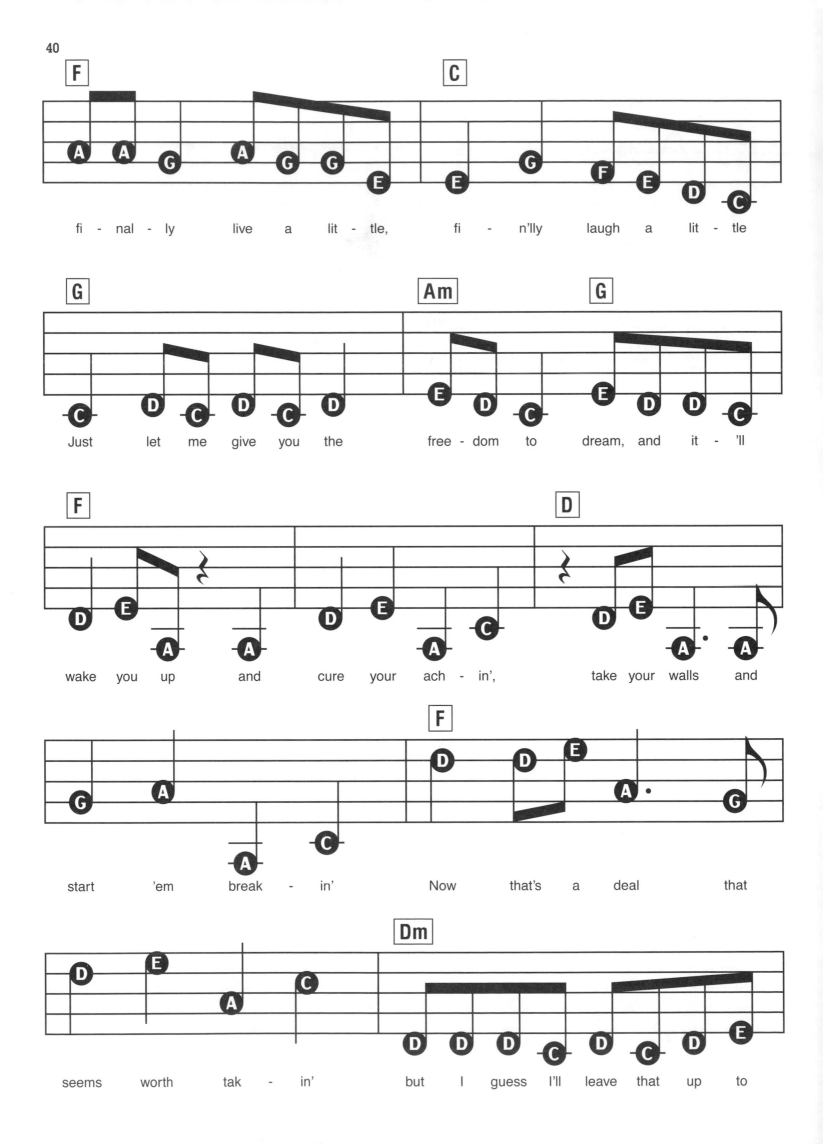

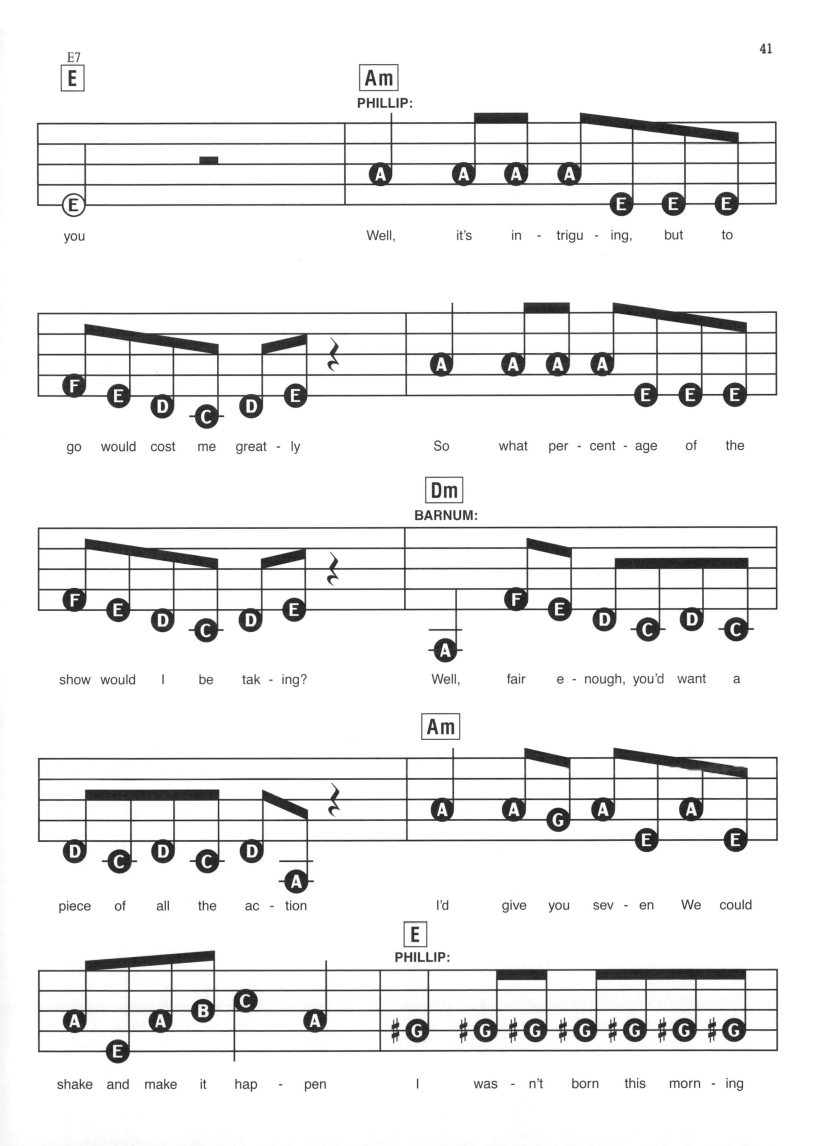

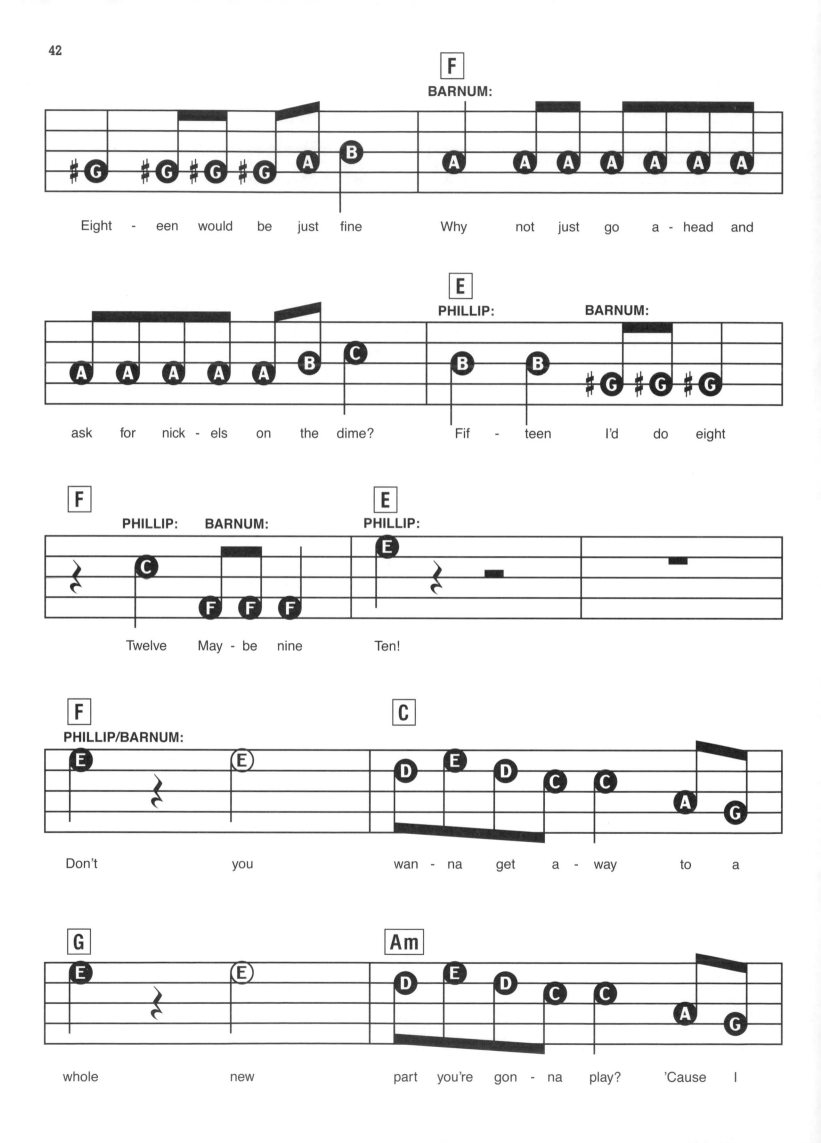

Rewrite the Stars

Registration 1
Rhythm: None

Words and Music by Benj Pasek
and Justin Paul

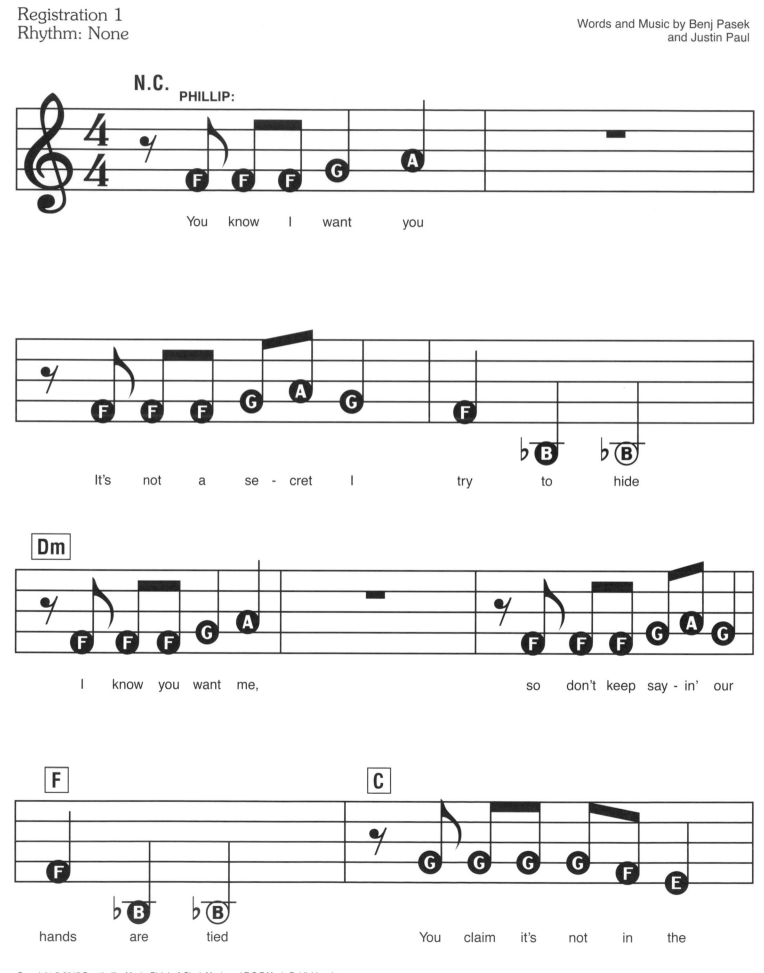

You know I want you

It's not a se-cret I try to hide

I know you want me, so don't keep say-in' our

hands are tied You claim it's not in the

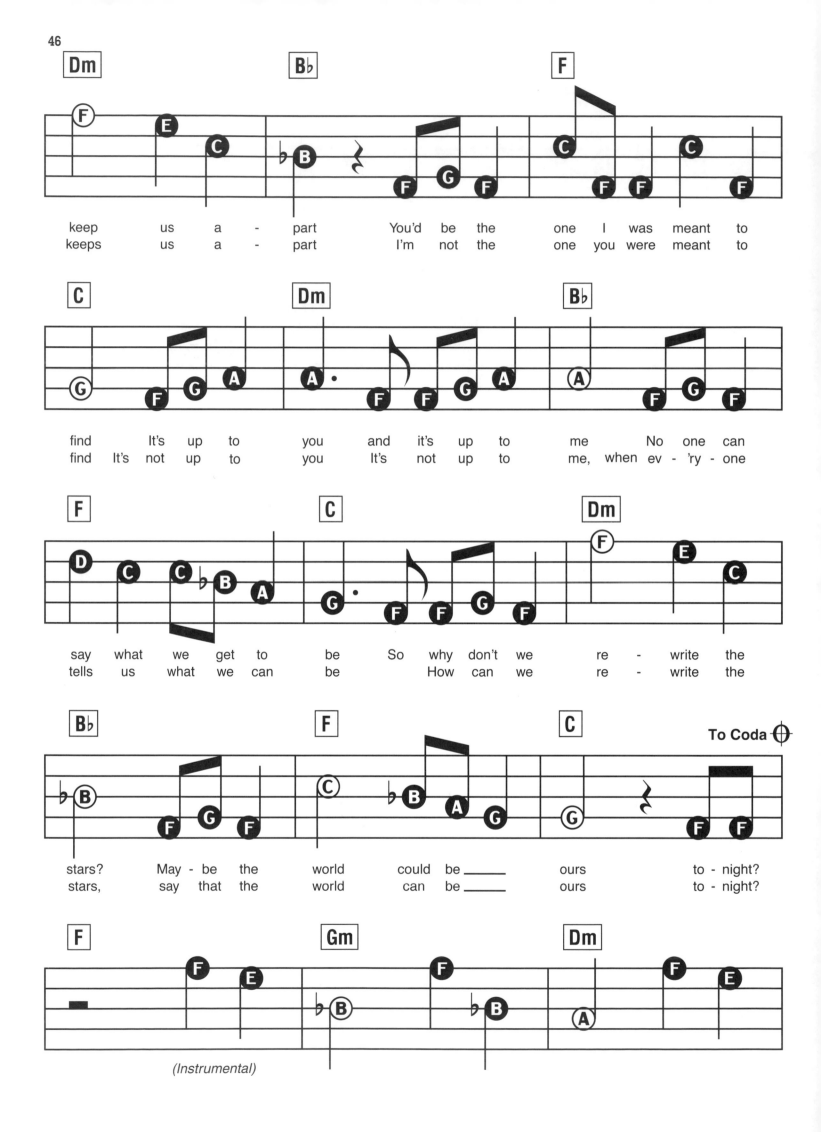

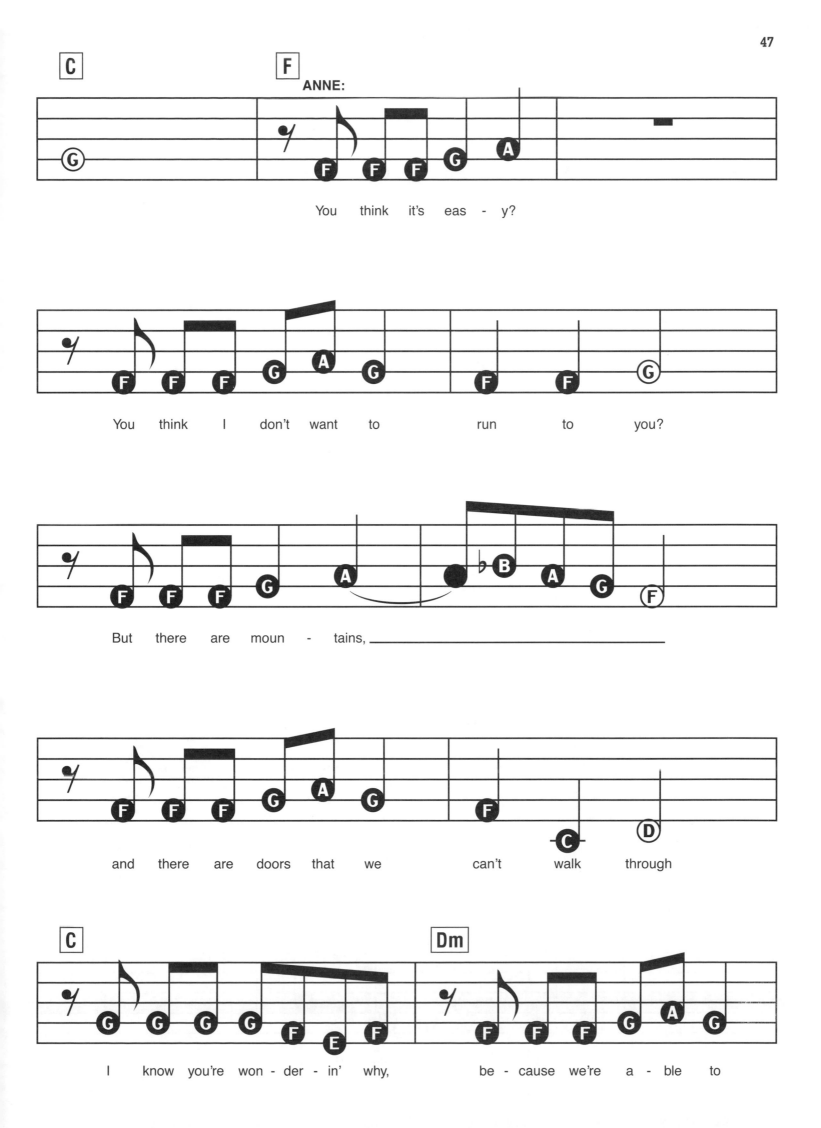

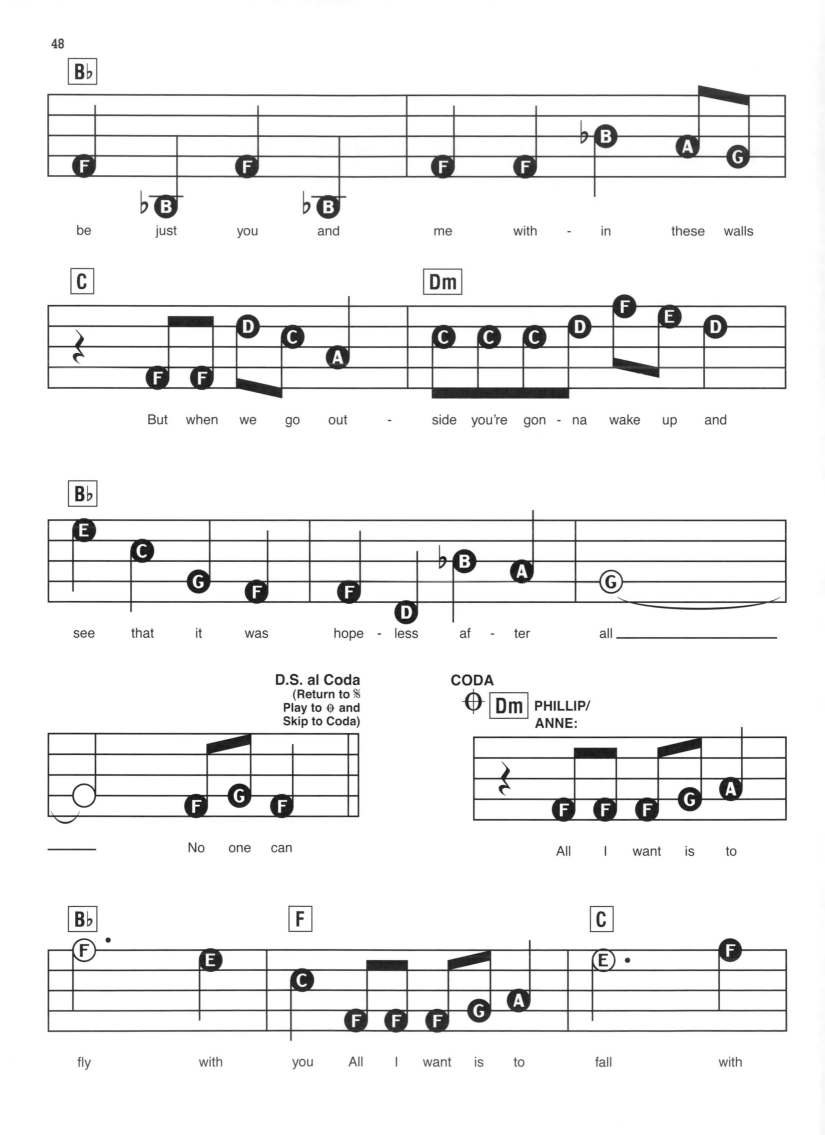

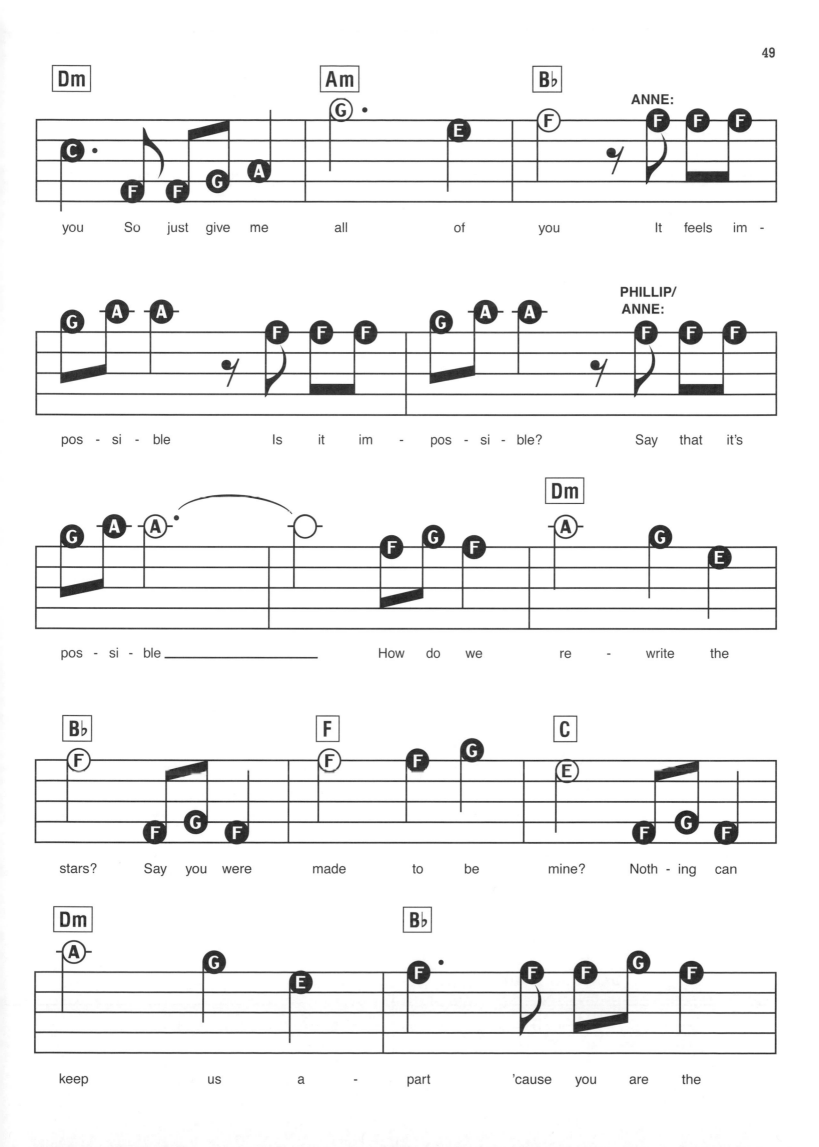

50

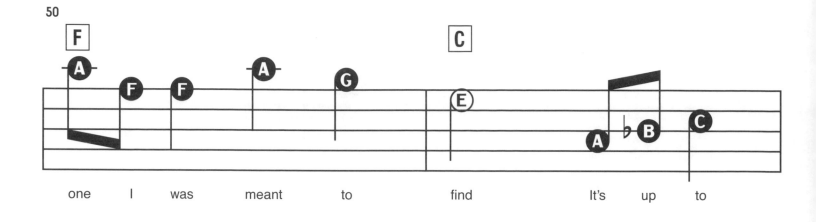

one   I   was   meant   to   find   It's   up   to

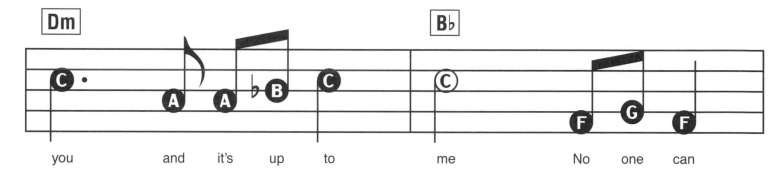

you   and   it's   up   to   me   No   one   can

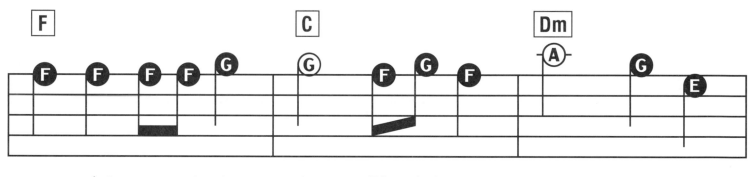

say   what   we   get   to   be   Why don't we   re -   write   the

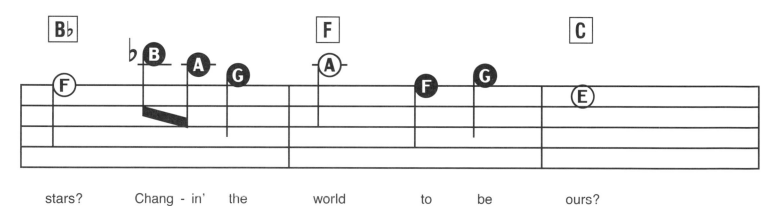

stars?   Chang - in'   the   world   to   be   ours?

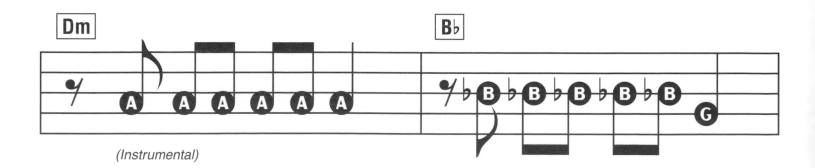

(Instrumental)

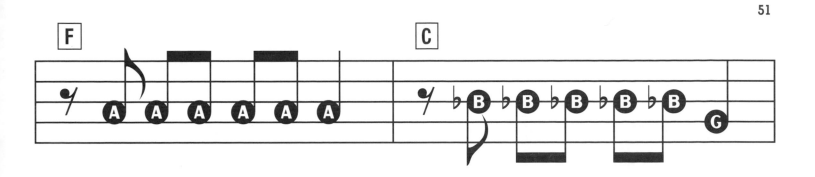

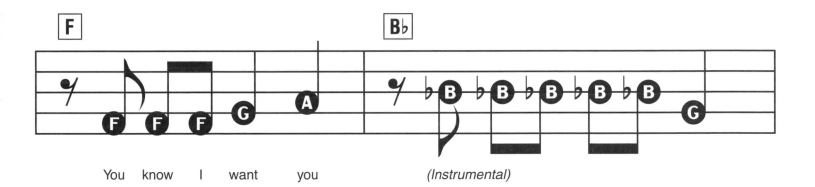

You know I want you   (Instrumental)

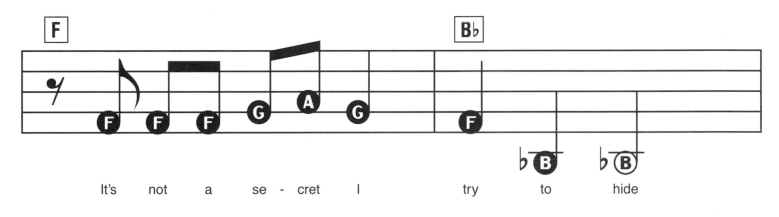

It's not a se - cret I   try   to   hide

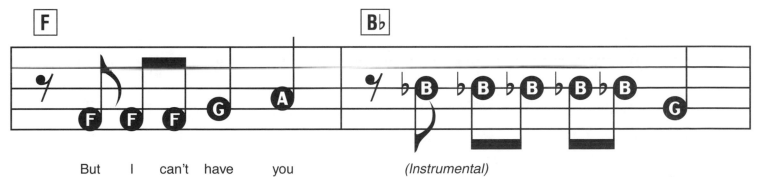

But I can't have you   (Instrumental)

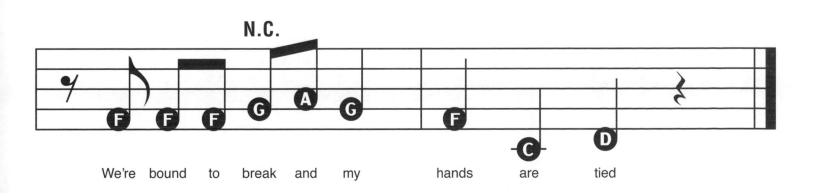

We're bound to break and my   hands   are   tied

Tightrope

Registration 8
Rhythm: Waltz

Words and Music by Benj Pasek
and Justin Paul

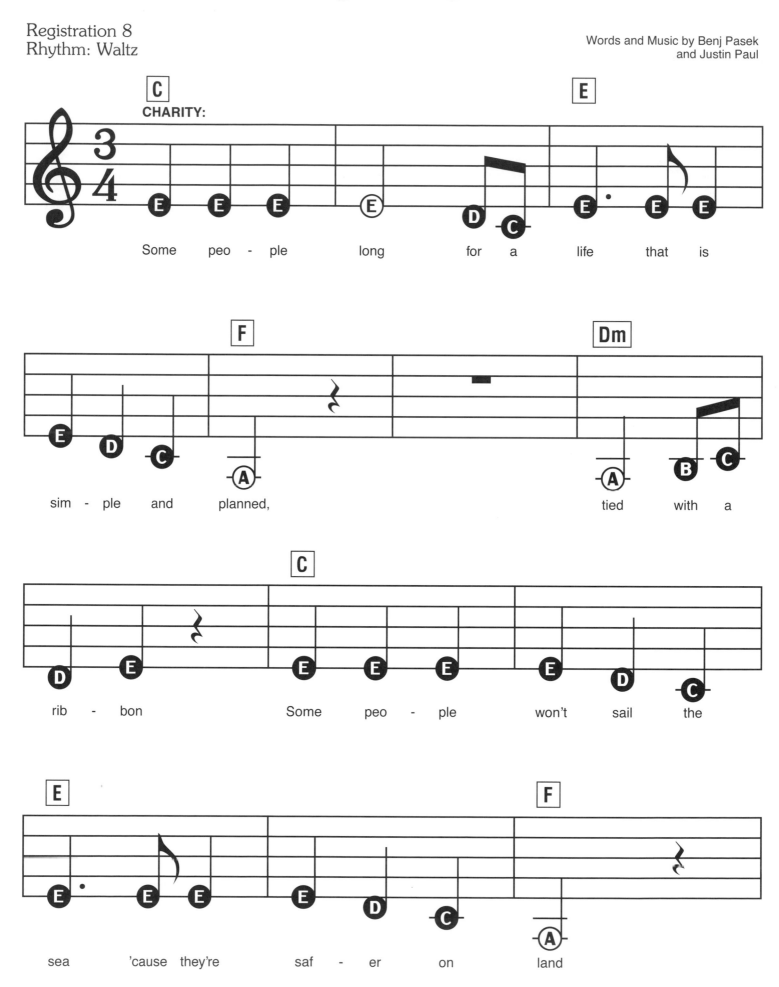

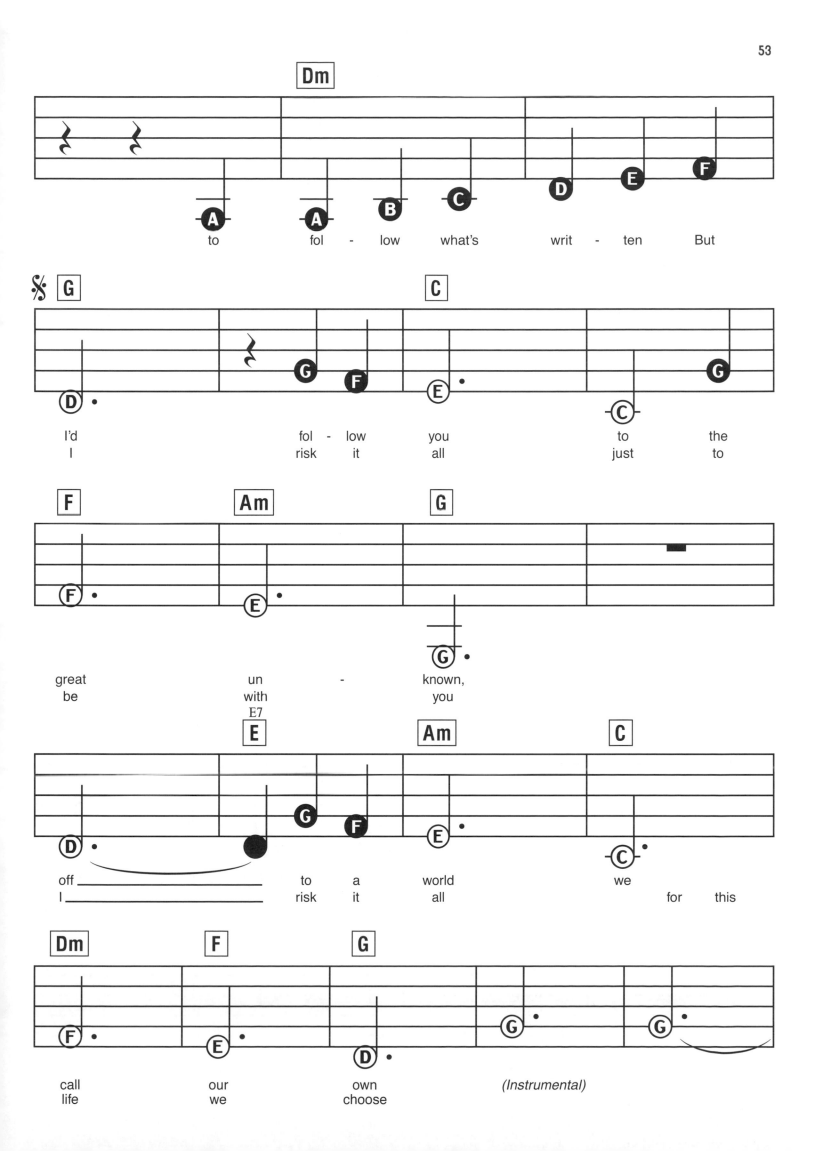

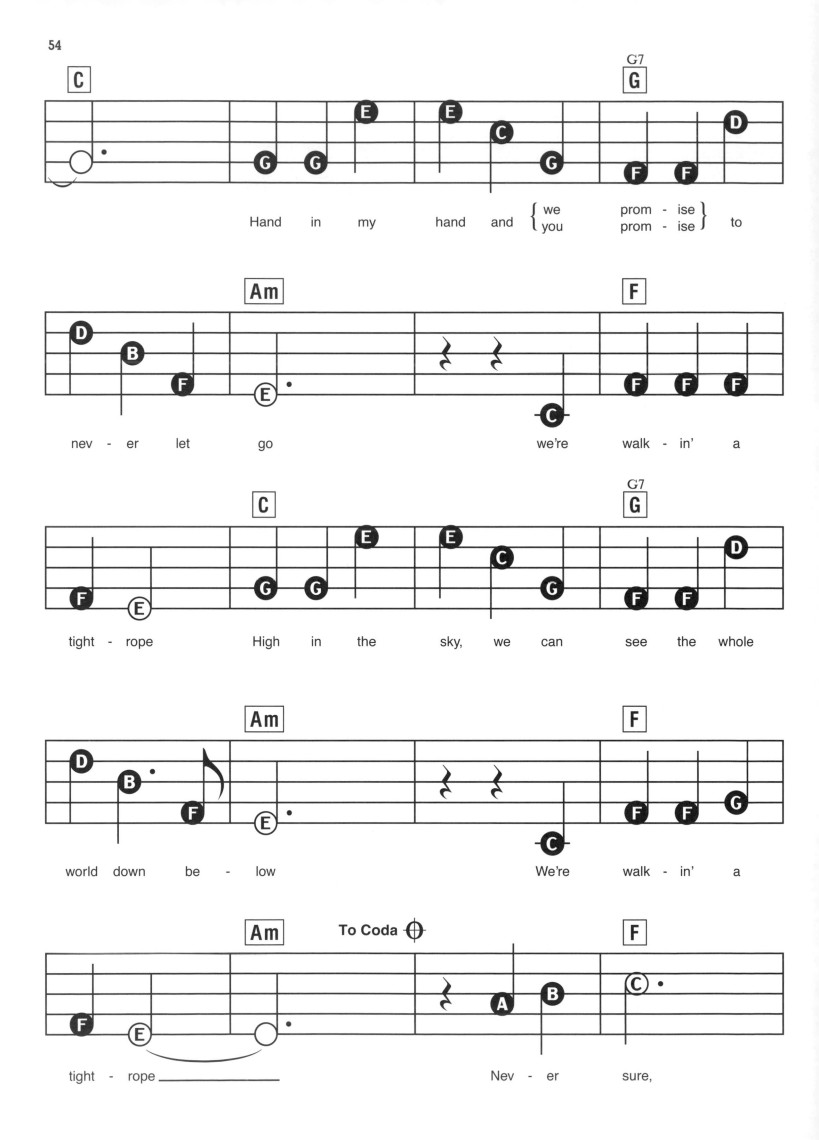

55

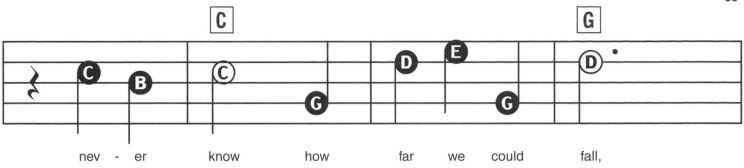

nev - er   know   how   far   we   could   fall,

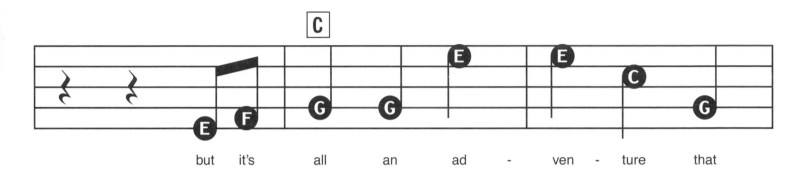

but   it's   all   an   ad - ven - ture   that

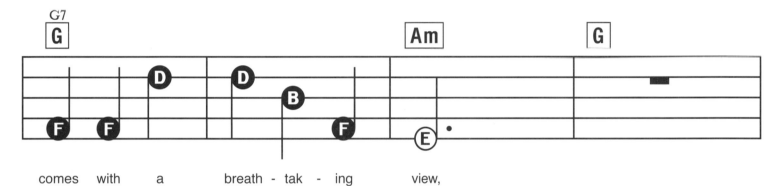

comes   with   a   breath - tak - ing   view,

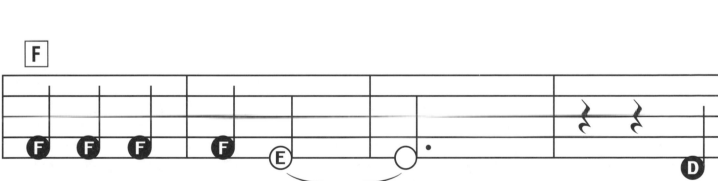

walk - in'   a   tight - rope _____   with

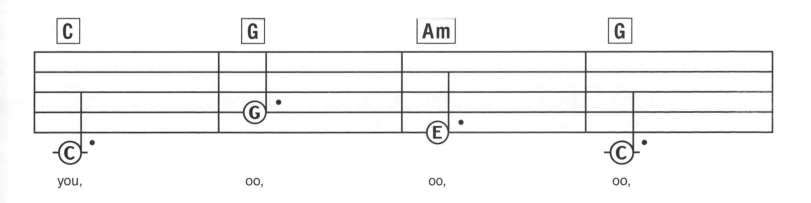

you,   oo,   oo,   oo,

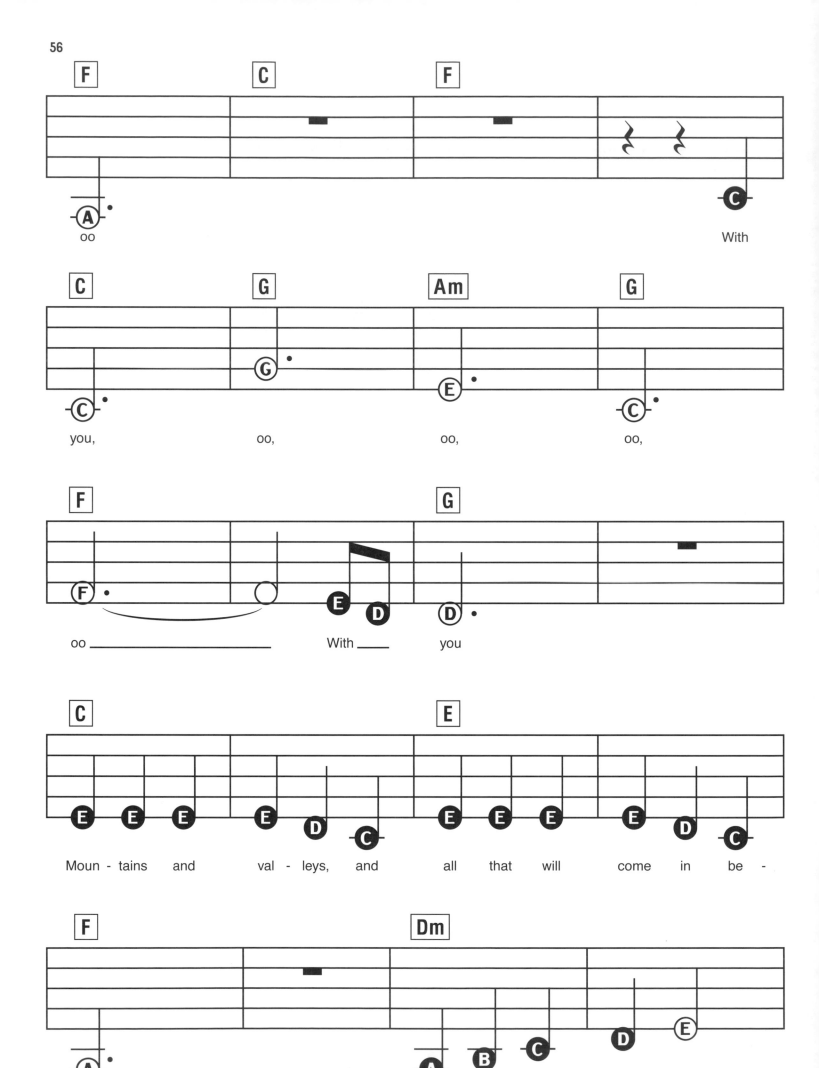

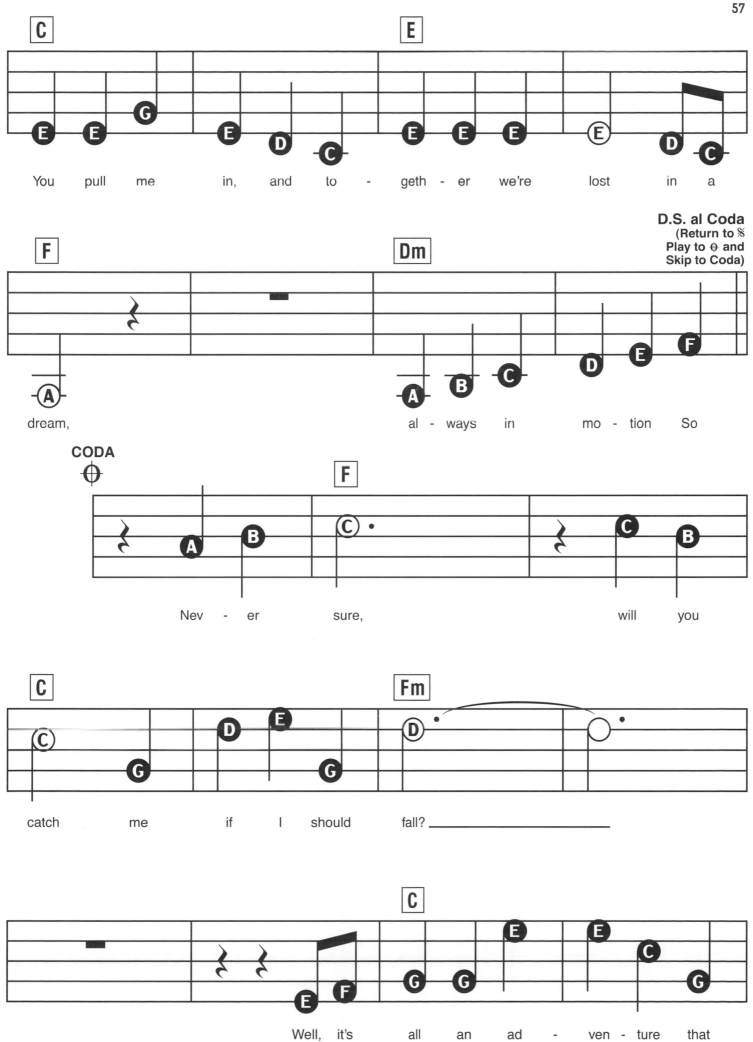

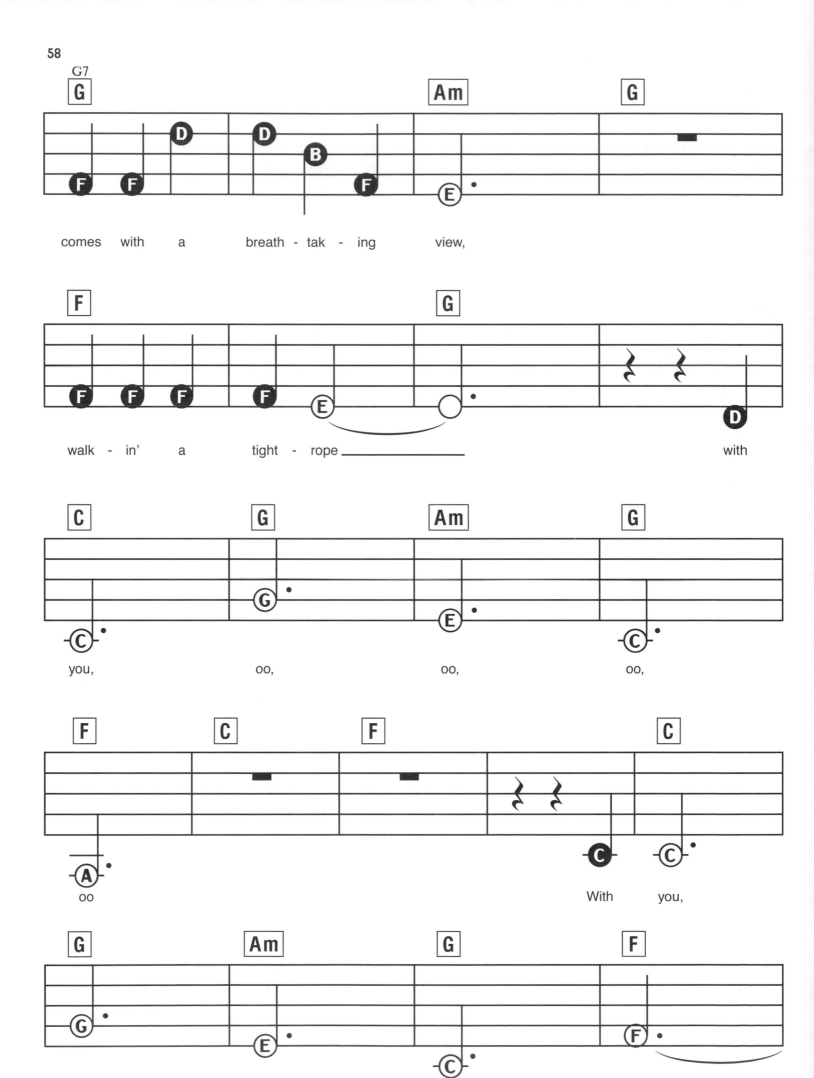

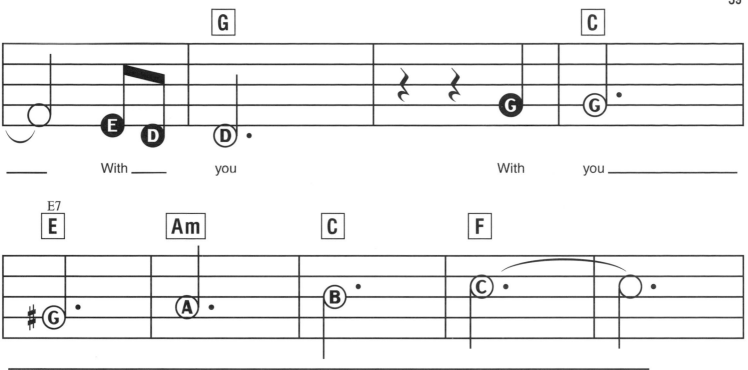

With _____ you   With   you _____

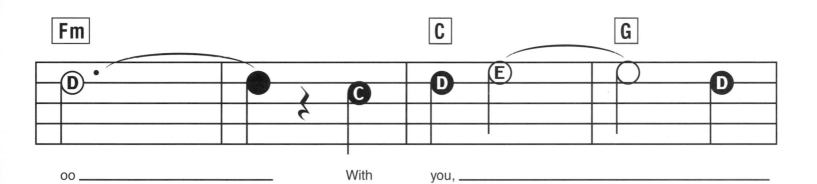

oo _____

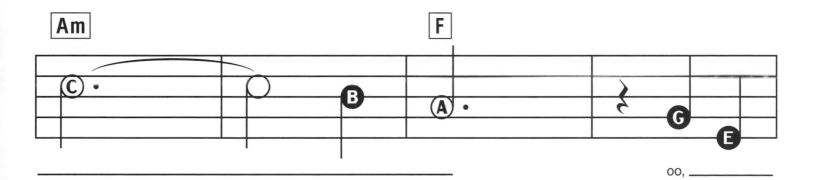

oo _____   With   you, _____

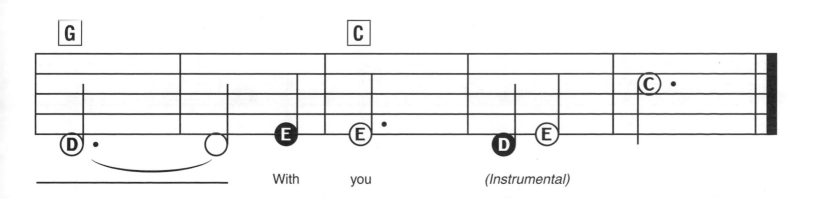

With   you   *(Instrumental)*

This Is Me

Registration 1
Rhythm: None

Words and Music by Benj Pasek
and Justin Paul

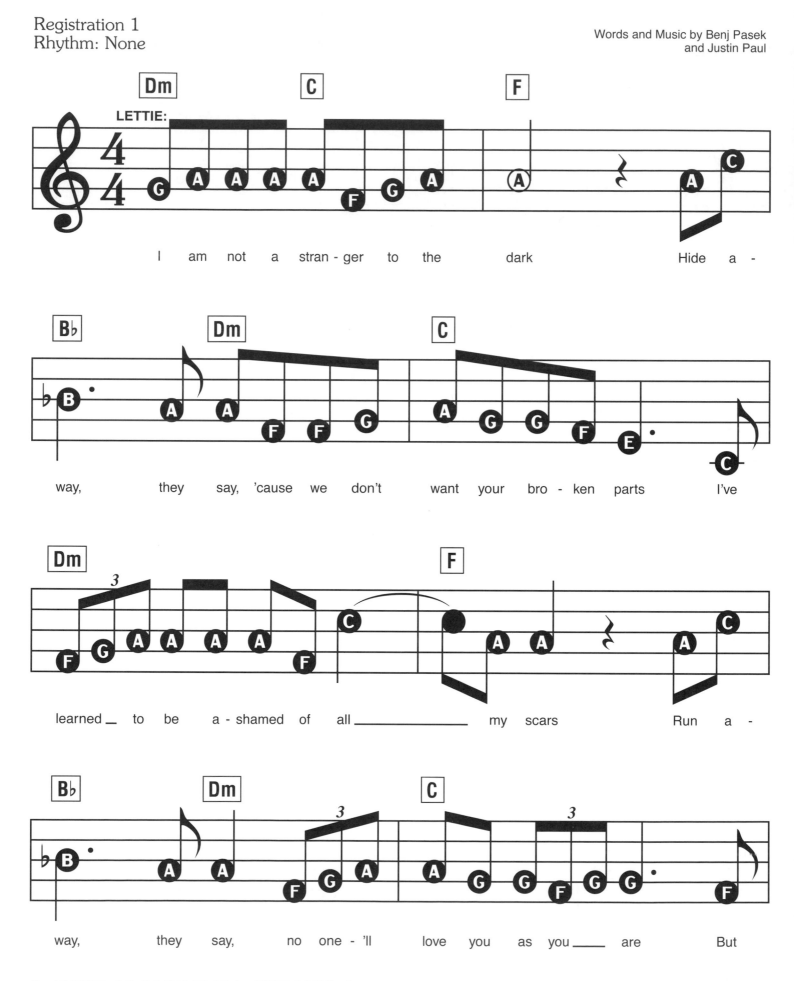

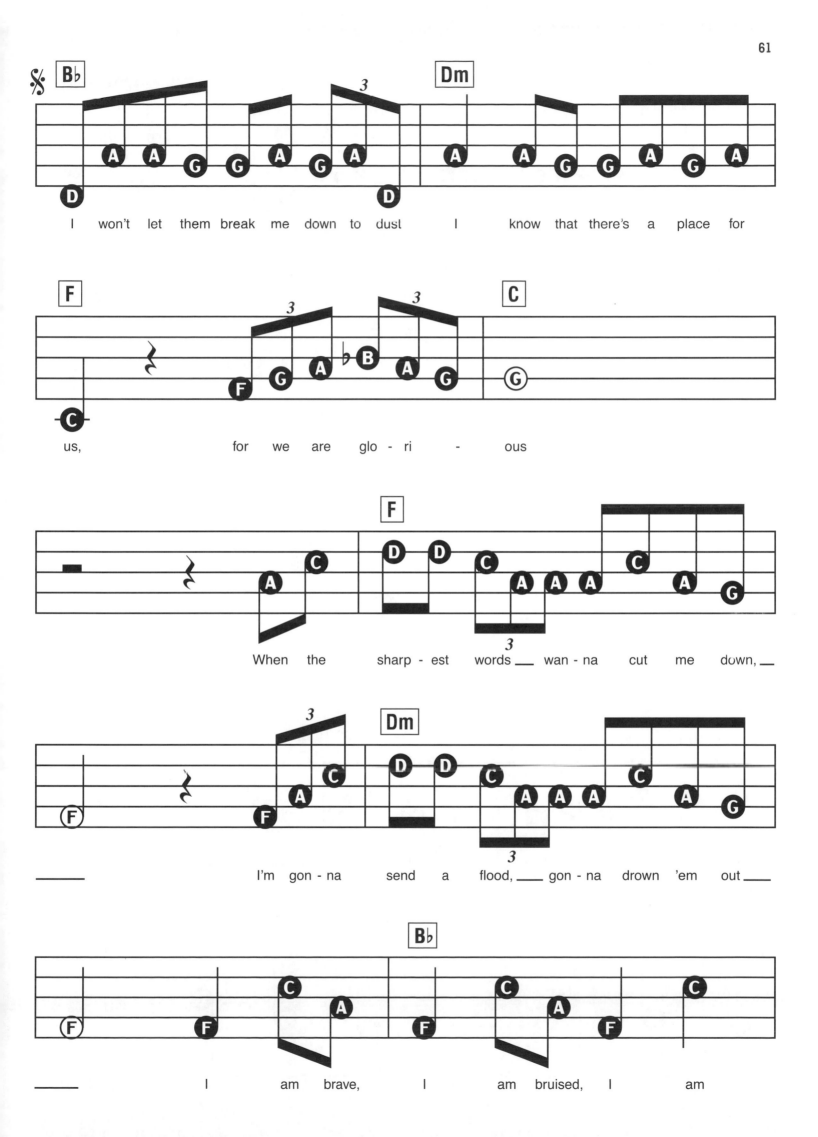

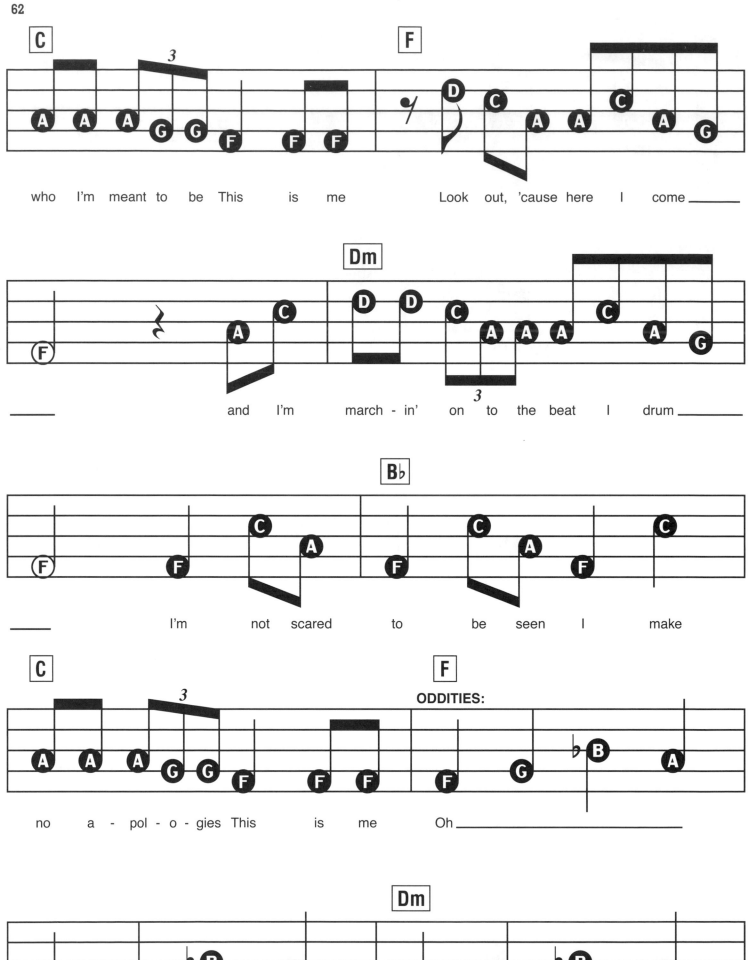

who I'm meant to be This is me   Look out, 'cause here I come _____

_____   and I'm march - in' on to the beat I drum _____

_____   I'm   not scared   to   be seen I   make

no a - pol - o - gies This   is   me   Oh _____

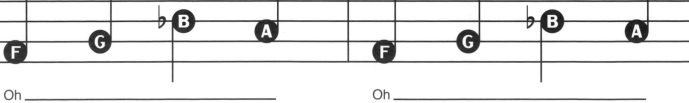

Oh _____   Oh _____

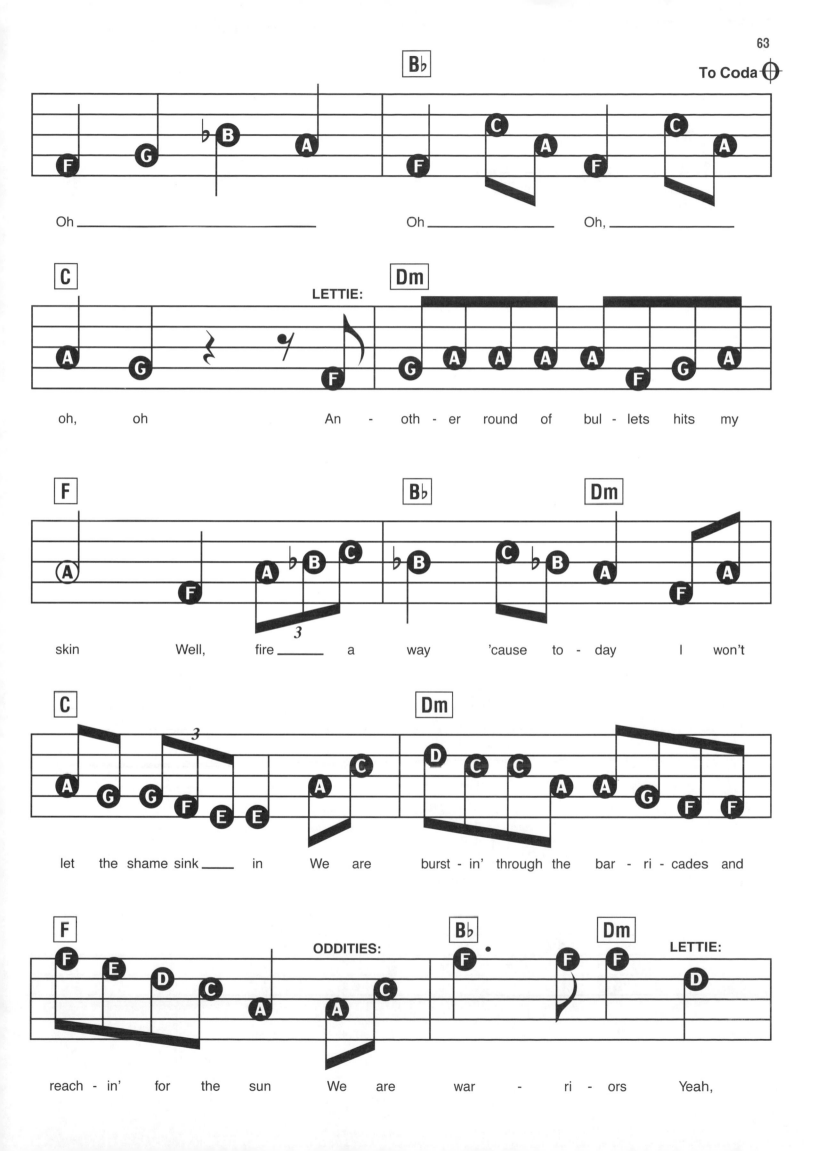

64

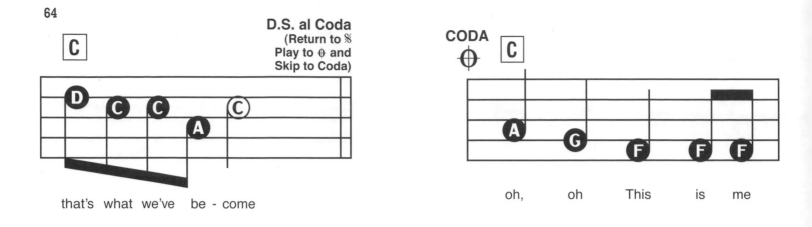

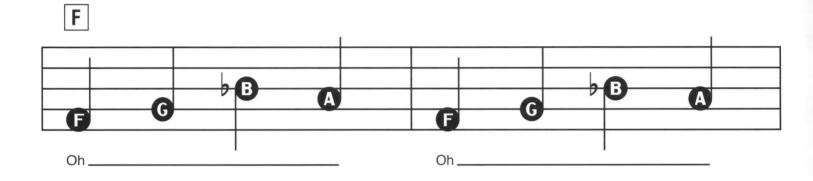

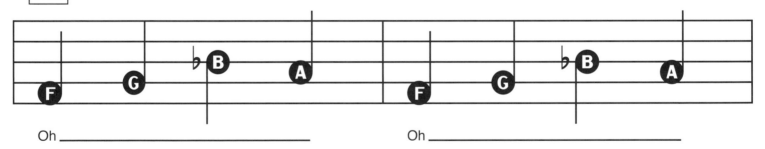

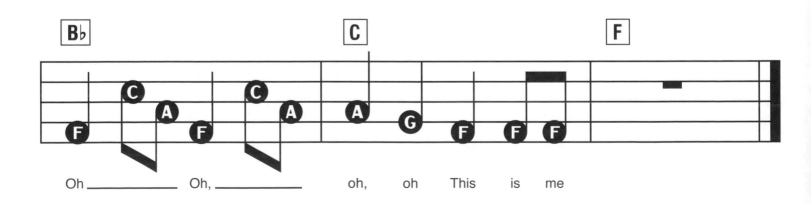